生僻词

何诚斌 著

北京联合出版公司
Beijing United Publishing Co.,Ltd.

图书在版编目（CIP）数据

生僻词 / 何诚斌著. — 北京：北京联合出版公司，2021.4
ISBN 978-7-5596-4898-3

Ⅰ.①生… Ⅱ.①何… Ⅲ.①汉字—生僻字—通俗读物 Ⅳ.①H12-49

中国版本图书馆CIP数据核字(2021)第003310号

生僻词

作　　者：何诚斌
出 品 人：赵红仕
出版监制：谭燕春　高继书
选题策划：厦门外图凌零图书策划有限公司
责任编辑：牛炜征
装帧设计：吴思萍

北京联合出版公司出版
（北京市西城区德外大街83号楼9层 100088）
北京联合天畅文化传播公司发行
厦门市竞成印刷有限公司印刷　新华书店经销
字数90千字　700毫米×1000毫米　1/32　6.125印张
2021年4月第1版　2021年4月第1次印刷
ISBN 978-7-5596-4898-3
定价：42.00元

版权所有，侵权必究
未经许可，不得以任何方式复制或抄袭本书部分或全部内容
本书若有质量问题，请与本公司图书销售中心联系调换。电话：(010) 64258472-800

谨以此书

献给学霸、文痴和读书种子

自序

生僻词的文化厚味

语林中漫步,偶尔遇到生僻的词语。是一眼而过,不理睬,还是停下来,了解它的身世、它的含义?之所以说偶尔,是因为目光离开历史文献太久,现代文本的热词熟句遮眼,难见那些典雅的生僻词,钝化了识别词语及反刍语言的能力。

百年来,数代人接受白话文教育,民众文化得以普及,交流方便了,这是最容易听到的毋庸置疑的声音。当表达从"口语化"沦为"口水化",汉语之美,其风骨、神韵及灵魂,都受到了侵蚀、伤害和破坏。今天,大多数人不会接受文化的复辟,但面对经、史、子、集等固有的文化遗产,需要解读它、弄懂它。所谓文化传承,难道可以不包含对古籍的理解?

当然,不只是文言文阅读问题,还要重估一些古词的价值。不少生僻词没有理由总是待在故纸堆里,要请它们出来,给它们现代阳光;同时需要调整我们的视野,适应其散发的光芒。生僻词,总体来说,它比流行的网络词语有内涵,有人文的沉淀,有典故的韵味。本来,我们可以带着它随时代而行,却因文化理性受到特定时期的社会运动影响,而使其被埋没了,甚至被淘汰了。

常闻人言,认识几千个字就够用了。掌握几千个常用字的组词,就自诩词汇量丰富的,也大有人在。可实际上多半富而不赡,重复率高,且文化含量被不断稀释、消解。词约义丰,辞薄旨厚,除了读书种子及文章大家,很多人难以做到。一般写作者什么词拈来就用,凑合着搭配,却不知道用"劬劳"形容父母的艰辛付出,比"辛苦"更有文化意味。虽然我们难以统计有多少个性特别的词,然而,它们犹如砌入墙中的壁虎,多少岁月更迭、时光流逝,仍葆有生命体征,流动着热血。

中华词库里,那么多具有文化含量、活色生香的生僻词,被冷漠,被闲置,被尘封。生僻词陌生的气息,确实让人难以靠近,但一经端详,便发现它们很快在眼前蠕动起来,和悦起来。扒开板结凝固的史书土壤,生僻词犹如泉水汩汩涌出,氤氲着一股股热气。当我亲近生僻词时,不得不惊叹其巨大的文化能量及丰盈的厚味,每个词似乎都在告诉我其存在的因缘和意义,本有的命运与性格。生僻词都是智慧的产物，而非废料垃圾，它们很文明地显形，很矜持地发音，很诚挚地表意，尽管它们的尊严曾在极端批判陈腐的时代失去。

我们得承认，过度使用所谓的"常用字""常用词"，习惯养成惰性，以致不再追求用词的准确，或者不重视把握词义的准确性。其实我们常常在写文章的时候，被"辞不达意"所困扰，却搜索枯肠也找不到一个恰当的词；穷尽那一个个熟悉的词，聪明老练地排列组合，可语言仍显苍白无味，十分贫瘠，似乎文化只好在浅思考及粗鄙化阅读之风中沙漠化了。

乍一看，生僻词艰涩而碍眼。阅读范围小、涉猎古籍少的人，遇见生僻词更是如见冷剑，寒光刺得眼生疼，只好慌忙躲闪避开。热爱古典文学和历史读物的人，目光停下来，注视、打量，发现它们结构紧凑，造型独特，有一种端庄之美及优雅气质。它们是那么富于底蕴，具有承载历史文化信息和思想符号的分量。它们蛰伏在落叶下、泥土中，但不存在于我们的大脑记忆里；它们甚至因我们集体简化汉字时封存于图书馆的古代文献中。尽管它们曾经都是高频词，或者它们的内涵无与伦比，可是却因笔画多而让人们远离了它们，或因人们读不准它们的音而规避了它们。

博大精深，这四个字常被我们用来称赞中华传统文化。殊不知，博采方显其大，精掘才见其深。遇到生僻词，不要绕开，咀嚼定能生津，品尝必有厚味。它们曾是先哲思想海洋中的一朵朵浪花，折射人文的斑斓华彩；它们曾是汉赋、唐诗、宋词园圃里灵感和激情创造的意象，茁壮而恣意。

涉足国学，需要一定的"识词"功底，曲径通幽，别有洞天。当我们自觉归属文化血脉、安置灵魂，生僻词就如深藏记忆的密码浮出，让我们不很费力便能打开一扇扇让人自信的窗户，像母子俩即使睽阔久远，一见面立即心灵相通。

目录

dù yú 蠹鱼 〇〇一	jiē zhū 揭橥 〇〇五	jī jué 剞劂 〇〇九	bò huà 擘画 〇一四
yún yú 云腴 〇一七	gài lù 盖露 〇二四	diāo yú 琱舆 〇二八	fǔ guǐ 簠簋 〇三三
yòu shāng 侑觞 〇三七	pú jù 酺醵 〇四一	lì zī 粝粢 〇四六	chún yī 鹑衣 〇五〇
fǔ fú 黼黻 〇五六	páo zé 袍泽 〇六〇	fù xuān 负暄 〇六四	dài dàng 骀荡 〇六七
xié háng 颉颃 〇七一	dié xiè 蹀躞 〇七五	zhūn zhān 迍邅 〇七九	kǒng zǒng 倥偬 〇八二

hāo shǐ 薃矢 〇八七	chú ráo 刍荛 〇九一	bào pǔ 抱朴 〇九六	zhé jié 折节 一〇〇
fā shēn 发身 一〇六	cè shēn 厕身 一〇九	qú láo 劬劳 一一二	kuí què 暌阕 一一七
bǔ jū 补苴 一二二	mín mò 民瘼 一二七	quán jìng 铨镜 一三三	jí qū 佶屈 一三八
cāo gū 操觚 一四二	zǐ yì 訾议 一四八	gòu lì 诟厉 一五二	kuí duó 揆度 一五七
tán sī 覃思 一六二	yì zàn 翊赞 一六八	guāi lì 乖戾 一七三	yīn zhì 阴骘 一七八

蠹鱼 dù yú

【释义】 又称蠹、衣鱼、壁鱼、书虫或衣虫，是一种灵巧、怕光、无翅的昆虫，它的身体呈银灰色，因此也有白鱼的称号，嗜食糖类及淀粉等碳水化合物。

老家屋子里的千册图书并没闲置，一只只书虫沉湎其中，饱览不厌。有一年中秋节，我回家小住两日，随便从书橱里抽出一本书翻阅，惊动了一只小小的银色的书虫，它在书页中疾速爬动，瞬间消失。我特别感慨，对着手上的书喃喃道，当今时代还有书虫先生如此爱书，也是造物之所幸！

印象中，书虫都是银色的，或许是吃纸的缘故。人在异乡，倒羡慕起书虫来了，何时能无忧无虑地坐在书房里看书？所谓无忧无虑，指的是不为生计发愁。曾经，我凭几百块钱的下岗生活费过日子，不去找工作，一天到晚读书，读了两年。有一次，一位亲戚来访，惊呼道你都养成"银人"了。我揽镜自照，的确皮肤白皙，无红润之色。分明，我跟书虫的颜色一样了。我不

得不说服自己，离开了书房，随身带上几本书开始北漂，而把几大橱的书交给了自由自在的书虫。

非以读书为业，却爱读书，又不能让书房随自己移动，我于是多了一些理解，为什么历代不少读书人甘愿做一只书虫，且赋予书虫不少美名，如蠹鱼、银鱼、衣鱼、书鱼等，并且喜欢自比于书虫。陆游这只"书虫"游于书，"吾室之内，或栖于椟，或陈于前，或枕藉于床，俯仰四顾，无非书者。吾饮食起居，疾痛呻吟，悲忧愤叹，未尝不与书俱。宾客不至，妻子不觌，而风雨雷雹之变，有不知也"。他在《灯下读书戏作》云："吾生如蠹鱼，亦复类熠耀，一生守断简，微火寒自照。区区心所乐，那顾世间笑；闭门谢俗子，与汝不同调。"还有人用书虫给图书命名，如《银鱼集》《蠹鱼集》《书蠹艳异录》《书鱼知小》等。

自比书虫，或许还有自嘲的意思，而书虫到了别人嘴里就成了挖苦之词，"死读书""读死书"之意了。想必很多读书人都不愿被人骂作僵化、迂庸的"书蠹"。朱光潜先生在《谈文学·想象与写实》中说："许多书蠹读过成千成万卷的书，自己却无能力写出一本够得上称为文艺作品的书……"读到这句话，我吓坏了。对于写作，我从来低调、谦虚，不说自己文章如何，文学成就如何，但我常说自己读书多，又何尝不是流露自己有学识、有文化呢？爱读书可以，夸耀自己读书多则不好，容易被看作不成材的"书蠹"。

想必徐霞客是见过书虫的，他不同于陆游宦海游得不好便游于书海，尽管他也读了很多书，但"大丈夫当朝游碧海而暮苍梧"，志于游历山川名胜，边旅游边观察，三十多年写下二百四十万字的游记，大异于当时很多只知道噬书、蛀书的书虫。徐霞客生计不成问题，才是他能出游的重要条件。无生计来源的人，谈何终日以书为伴，谈何山川？"破帽无檐垂败絮，袜履皆穿足趾露；严冬犹服夏时衣，如丐何往趁食去？"这种状态，就难以谈读书游历了。人到中年，家庭的重任，生活的压力，都让自己忙碌得无暇休息，更何以谈读书呢？

古人用芸草做书签，可以起到辟蠹驱虫的作用。唐代杨巨源有诗："芸香能护字，铅椠善呈书。"闻一多在《致臧克家》的信中说："你诬枉了我，当我是一个蠹鱼，不晓得我是杀蠹的芸香。"至于把恋家的书生撵出去谋生，这样的老婆就好比驱虫的芸草了。

记得十多年前，一个写诗入迷的朋友，因企业改制，赋闲在家写诗，可赚得的稿费却少得可怜。一日，我在他家喝酒，只见他老婆突然抹着眼泪数落起他对家庭不负责任，不是一个好丈夫，也不是一个好父亲。过不多久，诗人去了北京，改写畅销书，经济上终于翻了身。我老婆听说后，也要把我这个已养成"银人"的书虫赶出书房，恰好我已有北漂之意，就索性结束了书斋生活。现在，那个朋友转战南方做生意发了财，不再读书写作。我不知道他可有我一样的心理，时而羡慕家中那些浸淫文字的"蠹鱼"？

揭橥 jiē zhū

【释义】亦作"楬(jié)橥",本是作标记的小木桩,引申为标志,也有揭示、显示之意。

与"揭橥"相遇,一年大概只有两三次,取决于阅读范畴,若只读当代散文、小说、诗歌等文学作品,估计遇不到它。"揭橥"爱待在思想论述、文艺评论等理论性的文章里,像千年老宅中的古董,像深深庭院里的珍藏,极少露面。涉猎较为广泛的我,会不经意间看到它的身影,如"揭橥全书的写作思想""揭橥了道教精神要义",诸如此类的句型是它现身的习惯,有着独特的气质和味道。

最初接触到"揭橥",好像是在《读书》杂志,也好像是在《中华读书报》,还好像是在钱基博、钱锺书父子的哪本著作中。多年阅读,印象纷繁,具体记不清了,而初见的情景是记得的,不懂"揭橥"是什么意思,查一查词典就会知道,关键是明白了它的意思之

时，立刻有一种画面从我的记忆中浮现，亲切而可爱。

我出生在一个半农半商的小镇，记得当年几乎家家都养两头猪，一头壮猪，一头小猪。壮猪多半在年底长肥了杀掉，或直接拖到食品站卖掉。开春后小猪差不多也长壮了，家里便又买一头猪崽喂养。这是农业社会副食品自给的基本规律，一种随季更替的生活方式。镇上土地少，房子不宽敞，有猪圈的人家并不多。我家就没猪圈，夜里猪就睡在灶门口，白天赶到后门外，任它在河边林子里活动。枯水期，将猪赶到河床上或河对岸，让它啃草、吃野菜。

我说这些，不是闲扯，而是与"㩳"有关。猪的性子，有憨有倔，有笨有野；有好静的，有好动的；有老实的，有凶悍的。好动的"恶猪"跑到别人家吃东西，咬别人家的猪、鸭，甚至拱翻小孩，引起邻里纠纷、吵架的事时有发生。所以，对于性子野的猪，就得管住它。一些人家用绳子或铁链将猪拴在树干上，却对树造成了损伤。于是，找一根木桩钉在空地上，将猪拴在木桩上，由它撒野，顶多拱翻旁边的猪食槽或猪食盆。这是自古以来沿袭的老方法，并且用一个字十分形象地表现了出来，它就是"猪"和"木"的组合，即"㩳"。

见到"㩳"这个字，我感到非常好奇，它将我的情感一次次带回往昔，时光回溯漫溢，重温一些环境中抑或背景中有猪活动身影的童年趣事。小的时候，我和伙伴们拔过别人家拴猪的木桩，把木桩拿回家做柴火。木桩打得越深，那标志就越醒目，顽童们就越绕着它转，打它的主意。老母猪"最恶"，当年我们都这么认为。后来心智成熟，认为那恶其实是一种天性的母爱，老母猪要保护自己的崽，当然要对靠近它的人露出狰狞凶恶的嘴脸，发出敌意的警告。记得那时有个小伙伴，在拔木桩时，遭到老母猪的攻击，下体被咬了一口，血溅河滩。小伙伴哭爹喊娘，疼昏过去，被他父母及时送到医院缝治，保住了男性特征器官。后来，我们笑他差点被老母猪净了身。

"揭橥"是一种极具风险的勇敢行为，要有牺牲精神。凡夫俗子没胆量不敢做，莽夫格局太小，做了也没好结果。孙中山先生在《革命原起》中说："盖彼辈皆新从内地或日本来欧……予于是乃揭橥吾生平所怀抱之三民主义、五权宪法以号召之……"孙中山领导仁人志士，发动辛亥革命，推翻封建王朝，建立民国，其"揭橥"虽付出了很大代价，但终于使中国结束了两千多年的封建帝制，走向了民主共和。

北洋时期，主义与主张满天飞，中国该往何处去？

有的人在思考，有的人在行动，还有的人在借"主义"欺世盗名，或拿"主张"大肆杀戮。李大钊在《民彝与政治》一文中说："然代议政治之施行，又非可徒揭橥其名，而涣汗大号于国人之前，遂以收厥成功者。"李大钊、陈独秀揭橥启蒙思想，领导新文化运动，并随后由文学革命转向共产主义之政治革命，可谓艰苦卓绝。李大钊被军阀杀害，陈独秀坐进国民党大牢，但他们创立了中国共产党，有一群志同道合的战友，前仆后继，最后终于拔掉了旧政权的木桩，取得了胜利。

"橥"，拴猪及其他牲口的小木桩，竟然被引申用到思想界、学术界、政界和社会中，其"标志"的概念不再是一个木桩所能包含了。而"揭橥"更是超出一般"揭示"的意思，"显示"的是一种大气魄、大格局，喻指重要开创性的行为。所以，"揭橥"这个有凛厉之气的词，不会轻易出现。我只偶尔遇到它。最近从报纸上看到"揭橥建设两岸命运共同体新愿景"，无不振奋，充满期待。

jī jué
剞劂

【释义】有如下多种意思：①刻镂的刀具；②雕琢刻镂；③雕辞琢句；④奇崛；⑤雕板，刻印，亦指书籍。

了解一个生僻词的意思并不难，查词典而已，但要熟悉它承载的文化，以及由它引起的认识的差异，必须依托一定的阅读量，进行演绎和归纳。

剞劂，从"刻镂的刀具"，引申到"雕琢刻镂"不难理解；引申到"雕辞琢句"，也不难理解；再引申到"雕板、刻印"，同样不难理解。中国人将汉语指代、转义的功能，发挥得淋漓尽致，词性活用，不在话下。

曾经与几位书商打过交道，对出版流程颇为了解。书商的压力挺大，若做了几本卖不动的书，将血本无归。有个书商带我去参观库房，他说每次看到积压如山的图书，心里就堵得慌，一点信心也没有了。我走在图书库房狭窄的过道里，压抑而紧张，看着一堆堆从地板码到天花板的图书，一下子颠覆了对书籍的崇敬感。

有个书商为了压低纸张的价格，和纸厂经销商谈了又谈，苦求对方松口，最后谈成了，手头几本早已拿到书号的书稿下了厂印刷。他对我说，终于付梓了。我说，但愿畅销。几个月后，我遇到他，问那几本书卖得怎么样。他告诉我卖得不好，退货率太高了。他脸色凝重。我知道退回来的书，将做特价处理，处理不掉的，就成了废料，倒进纸厂的纸浆池。从出厂高价成品纸，走了一圈，又回到纸浆池，书商付出了高昂的代价。不仅书商，还有作者、编辑等也受到不同程度的经济影响。

那个文雅地以"付梓"代"印刷"的书商，后来亏损严重，不得不退出做书这一行。

"付梓"一词，能明白它的意思的人不少，运用的人也不少，而"剞劂"亦指印刷，知道的人就不是很多了。我从一部书的后记中看到"付诸剞劂，布之艺苑"八字，揣摩一下，略知其意。

"剞劂生涯日，诗书艺业长。"文人喜欢写作，写出作品后，还需要交流，甚至想留给后人看。公元前213年，秦始皇焚书坑儒，使得秦以前的书籍有很大一部分被毁掉了。汉代开国后，政府重视书籍的收集、保存和整理工作，几次下令征集民间藏书，并设立国家图书馆，设置专门抄写书籍的官职。经过100多年的时间，收到的书籍又堆积如山。

王充在《论衡》中说："周世著书之人皆权谋之臣。"后世著书之人比比皆是，包括很多文士及民间读书人。"立言"，应该是指写出有创造性思想、集大成理论、独特艺术风格的著作。所以，"立言"实不易也。"汉世直言之士皆通览之吏"，后世进士做官后，还有多少人博览群书？通览之官当中有直言之士吗？"立言"，不仅指韦编、搦管、行文、剞劂，以书籍传世，还有"述作"，包括在关系到社稷民生等大事、重要问题上，直言表达自己的思想与看法、批评与建议，以"话语"代表民意，立足于众，传教于世。

明代，出版业繁荣，图书贸易兴盛，当时南京的三山街和内桥一带，书坊林立，图书的销售量很大。官刻本开始有内府刻本，地方官刻本也很普遍。各省布政司、按察司、府县、儒学、书院、监运司等，都刻印了不少书籍。各藩王府也刻书，称为"藩府本"或"藩刻本"。正当许多人热衷于刻书时，学者申涵光说："凡诗文成集，且勿梓行，一时所是，师友言之不服，久之自悟，未必不汗流浃背也，俟一二年朝夕改订，复取证于高明，然后授梓。若乘兴流布，遍赠亲知，及乎悔悟，安能尽人而追之耶？若能不刻，则更高。"申涵光不赞成急于出书，若非要出的话，先让稿子冷一冷，请别人看一看，找找问题，修改完善。他还说："先人著述，必确乎可传者，始付剞劂，不然藏之于家，以存手泽可也。可传者，亦不得惜费，致令湮没。"

对于"多写"与"少写"及出书与否，一直存在争议。"著作等身"，是对一个人成就的赞扬和肯定，尤其"国学大家"，如果没有一定量的著作，似乎功底有点薄，缺乏厚实感。《章太炎全集》20册，680余万字。《钱穆先生全集》约2000万字。饶宗颐先生一生的研究领域极为广阔，包括了上古史、甲骨学、简帛学、经学、礼乐学、宗教学等13个门类，出版著作60余部，著述3000万言，仅《20世纪饶宗颐学术文集》就达1000多万字。《顾颉刚全集》62册，2500万字。《王力文集》20卷，800万字，文集之外还有11部专著、17篇论文，以及20多部外国文学翻译作品没有收录。曹聚仁更厉害，一生著作有4000万字以上。

作家当中，也有不少高产的，且因其写得多而被人所称道。宋代陆游是中国古代写诗最多的人，他活了85岁，一生写诗近万首，平均每三天写诗一首。现代言情小说大家张恨水，光长篇小说就有57部，《张恨水全集》62卷本，达3600万字之多。香港作家刘以鬯的作品字数超过了张恨水，达7000万字。鲁迅提出："写完后至少看两遍，竭力将可有可无的字、句、段删去，毫不可惜。"鲁迅先生1909年开始写作，至1936年10月去世，写了27年。2005年版《鲁迅全集》18卷，约700万字。

对于大家，人们推崇其"业精六学，才备九能，已臻化境"的高明；对于诗人、作家，人们欣赏其"新诗改罢自长吟"，乃至"不复见其刿削，但称其浑厚"，或"浑成不见刿削，而句句切题"——即通过雕辞琢句而不露痕迹的"刿削之功"，达到"付诸刿削"的质量要求，至少不犯低级文字错误及思想浅显混乱的笑话。

清代赵翼诗云："想见悬空施斧椎，刿削功深岁月积。"工匠雕琢刻镂之艺，经多年实践磨炼，积累经验，下足功夫才能获得。专家学术研究、作家创作，又何尝不是呢？

擘画
bò huà

【释义】亦作"擘划",计划、布置之意,如擘画经营,又引申为谋略算计。出自《淮南子·要略》:"财制礼义之宜,擘画人事之终始者也。"

擘,本指大拇指。我想象历史上那些谋略家,不仅有力地挥动手臂,还不时自信地竖起大拇指,"财制礼义之宜,擘画人事之终始","运筹帷幄之中,决胜千里之外","中权有资于后劲,擘画而榆镇立通"……一个个形象生动,都是非常了不起的角色!尤其以"擘画"为职业的人,手势配合语势,大拇指与食指调度有方,更有画面感。

唐代高力士是个阴谋家。景龙二年(708年),临淄王李隆基将他引为知己,几年后李隆基发动宫廷政变,杀韦皇后、安乐公主和武氏党羽,唐睿宗李旦复位,立隆基为皇太子,高力士参与谋划有功,擢升朝散大夫、内给事。712年是非常混乱复杂的一年,唐朝年号景云三年、太极元年、延和元年、先天元年,都是这一年。高力士协助唐玄宗,又成功地"擘画"了一次宫廷政变平乱，得以突击升官，两年后加封右监门卫将军，知内侍省事。

最倒霉的是三国时的田丰。建安元年（196年），曹操将汉献帝带到许县，从此开始"挟天子以令诸侯"。袁绍每次接到诏书，总担心对自己不利，于是想让天子搬迁到靠近自己的地方。他派人对曹操说，许县低洼潮湿，洛阳又残缺被毁，应当将都城迁到甄城，以便靠近完整丰足的地区。曹操坚决不答应。田丰对袁绍说："迁都的计策，既然不被采纳，最好早点儿谋取许县，接来天子，动辄假托天子诏令，向全国发号施令，这是最好的办法。不这样做，最后只能受制于他人，那时即使后悔也不起作用了。"袁绍没有采纳这条建议。建安四年，曹袁争霸，田丰提出稳扎稳打的持久战略，袁绍不采纳而执意南征，但在曹操东击刘备时，却以儿子生病为由，拒绝田丰的奇袭许县之计，错失良机。建安五年，官渡之战，田丰建议据险固守，实行分兵抄掠的疲敌策略，袁绍还是不听。田丰极力劝阻，却得罪了袁绍。袁绍认为田丰败坏军心，将他关了起来。袁绍官渡战败，羞见田丰，竟然将他杀害了。所以，能"擘画"，也得遇见明主才行。

曾国藩有句名言："利可共而不可独，谋可寡而不可众。独利则败，众谋则泄。"谋划，知道的人越多，泄密的可能性越大。一旦泄密，就把自己的计谋暴露在对手那里，自己呈现于明处。擘画跟谋划，是有重要区别的。谋划，阴谋的成分多一些；而擘画，阳谋的成分多一些。擘画大业宏图，不怕被人知道，就怕不被更多人知道。范仲淹的《奏乞救济陕西饥民》中说："若不作擘画，即百姓大段流移，殍亡者众。"魏源在《海国图志·筹海篇一》中写道："自夷变以来，帷幄所擘画，疆场所经营，非战即款，非款即战，未有专主守者，未有善言守者。"梁启超在《谭嗣同传》中写道："商办矿务也，湘粤铁路也，时务学堂也，武备学堂也，保卫局也，南学会也，皆君所倡论擘画者，而以南学会最为盛业。"不管是范仲淹，还是谭嗣同，他们都是擘画者，其观点都是可以公告天下的擘画，都是可以唤起仁人志士为之奋斗的擘画。

所以，擘画是个大词、亮词。媒体上经常出现这样的句型："擘画发展新蓝图""擘画新时期的改革蓝图""擘画凝心聚力的共识蓝图""擘画'十三五'规划美好图景"……擘画与蓝图搭配，不只是为了合乎语法规范，更体现一种格局、一种境界。而那些指手画脚的说客，还有那些闭门庙算者，为自己、为主子、为大小圈子的利益策划或谋划。其中，有善有恶，有正有邪，有有道也有无道。

云腴

yún yú

【释义】茶的别称。

茶的别称很多，我喜欢"云腴"。高山云雾中生长的茶叶，肥美鲜嫩，称作"云腴"。

黄庭坚送了一些茶给好友苏轼，还专门写了一首诗《双井茶送子瞻》，其中将茶称为"云腴"："我家江南摘云腴，落硙霏霏雪不如。"黄庭坚大概特别喜欢这种肥美的茶叶。元丰三年（1080年），黄庭坚改任吉州太和县令，路过舒州（今潜山、怀宁等地一带），在时任淮南西路提点刑狱的舅父李公择家住了十天，游览舒州名胜，并赋诗数首，其中一首《玉照泉》，称茶叶为"腴"，如"金瓶煮山腴，茗碗不暇攻"。

舒州给黄庭坚留下了很好的印象。以皖山（今天柱山）为中心的方圆百公里区域是历史上道教隆兴之地，左慈在此炼丹，"得石室内《九丹金液经》，能变化万端，不可胜纪"。左慈的丹道学术经葛玄、郑隐、葛洪

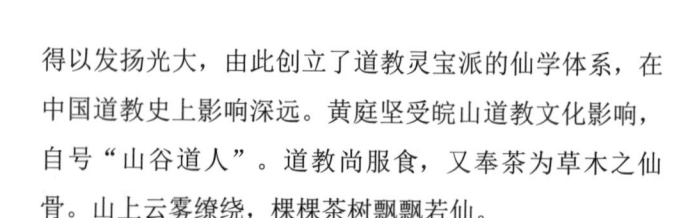

得以发扬光大，由此创立了道教灵宝派的仙学体系，在中国道教史上影响深远。黄庭坚受皖山道教文化影响，自号"山谷道人"。道教尚服食，又奉茶为草木之仙骨。山上云雾缭绕，棵棵茶树飘飘若仙。

道教以为"仙风道骨"得力于茶这种饮品。据《神异记》载："余姚人虞洪入山采茗，遇一道士，牵三青牛，引洪至瀑布山，曰：'吾，丹丘子也。闻子善具饮，常思见惠。山中有大茗，可以相给，祈子他日有瓯牺之余，乞相遗也。'因立奠祀。后常令家人入山，获大茗焉。"宋代冯时可根据这一传说，认为"故知神仙之贵茶久矣"。左慈炼丹遗迹今犹在，炼丹湖的水由山泉汇聚而成。在道教看来，不仅"气染茶瓯馨"，并且"饮液尽眉寿，餐和皆体平。琼浆驻容发，甘露莹心灵"。明代高濂的《遵生八笺》"论泉水"条中，认为丹液朱砂泉"可点茗"："水中有丹者，不惟其味异常，而能延年却疾，须名山大川，诸仙翁修炼之所有之。"

道教有"天一生水"的观念，认为天降之水，都是"灵水"，是"仙饮"，饮之可以养生扶寿。"使承星露之气，则英灵不散，神气常存。"（张源《茶录》）喝茶有利于养生，有助于成仙，这是道士们的想法。金代"北七真"之一马钰在《长思仁·茶》中说:"一枪茶,二枪茶,休献机心名利家,无眠未作差。无为茶,自然茶,天赐休心与道家,无眠功行加。"他认为茶是上天对道士修道的恩赐,茶可提神,增强功力和道行,实现在修道过程中的无为而无不为。所以,茶对道家来说是"无为茶""自然茶",是体道悟道茶。

唐代诗人卢仝信奉道教,自号"玉川子",被尊称为"茶仙"。他写了一首《忆金鹅山沈山人》:"君家山头松树风,适来入我竹林里。一片新茶破鼻香,请君速来助我喜。莫合九转大还丹,莫读三十六部大洞经。闲来共我说真意,齿下领取真长生。"卢仝认为,不必炼什么九转金丹,也不必读什么道家经典,只要以喜悦的心喝茶,就能体会道家修行的真意,也能得到长生。茶能让人达到"至虚极,守静笃"的境界,品茗时"一私不留,一尘不染,一妄不存",乃为"坐忘"。茶汤入口,心即与自然相互沟通,意识融化于物我之间,产生"涤除玄鉴""澄怀味象"的效果。我在哪里?无我也。"无我",精神上泯灭物我的对立,心纳万物,顺其自然。

称茶为"云腴",黄庭坚不是第一个。唐代皮日休有诗《奉和鲁望四明山九题·青棂子》:"山风熟异果，应是供真仙。味似云腴美，形如玉脑圆。……"这仍然是道教的文化内涵，云腴形态之美，是"真仙"。与黄庭坚同一时代的黄儒，也喜欢"云腴"这个称呼。黄儒读过唐代陆羽的《茶经》，并写了宋代版的茶书经典《品茶要录》。黄儒说："故殊绝之品始得自出于榛莽之间，而其名遂冠天下。借使陆羽复起，阅其金饼，味其云腴，当爽然自失矣。"

黄庭坚游览的舒州，不仅是道教圣地，还是禅宗的发祥地。禅宗三祖僧璨在此以禅之妙义悟世，传钵立化的遗迹至今依稀可见。而今三祖寺殿宇林立，香烟缭绕，已成为全国重点寺庙。我曾多次在三祖寺品"禅茶"，诵《信心铭》。我发现，凡僧人都喜欢喝茶。

僧人饮茶的历史由来已久，《晋书·艺术传》记载，敦煌人单道开不畏寒暑，常服用有松、桂、蜜之气味的药丸，饮一种将茶、姜、桂、橘、枣等合煮的名曰"茶苏"的饮料。明代的乐纯在《雪庵清史》中列举了居士每日的"清课"有焚香、煮茗、习静、寻僧、奉佛、参禅、说法、作佛事、翻经、忏悔、放生……将"煮茗"排在第二位，可见对茶的重视。

古代多数名茶都与佛门有关。陆羽《茶经》说，杭州钱塘天竺、灵隐二寺产茶。此即现在的西湖龙井茶。明代冯时可《茶录》记载："徽郡向无茶，近出松萝茶，最为时尚。是茶始比丘大方。大方居虎丘最久，得采造法。其后于徽之松萝结庵，采诸山茶于庵焙制，远迩争市，价倏翔涌，人因称松萝茶。"黄山毛峰是毛峰茶中极品，《黄山志》载："云雾茶，山僧就石隙微土间养之，微香冷韵，远胜匡庐。"安溪铁观音"重如铁，美如观音"，其名取自佛经。普陀佛茶产于佛教四大名山之一的浙江舟山群岛的普陀山，僧侣种茶用于献佛、待客，直接以"佛"名其茶。庐山云雾原是野生茶，经寺观庙宇的僧人之手培植成家生茶。

每年农历三月初三，天柱山下的三祖寺都会举办"禅茶"茶艺表演。住持释宽容说，从"茶"字看，即是人在草木之间，可以清心，其外用可以解渴、去火、消食、提神，而其内在表现即是茶文化，从色香味去体味茶的精神，从而顿悟茶心禅心不二的关系，开发智慧。卢仝的《七碗茶歌》及赵朴初居士的"七碗受至味，一壶得真趣。空持千百偈，不如吃茶去"等禅茶诗，均揭示了"茶禅一味"的妙法内涵。

不知道当年黄庭坚在天柱山喝茶，喝的是"道"的味道，还是"禅"的味道？或许两种味道皆尝到了吧。黄庭坚毕竟是一位入世的读书人，他接受的是儒家

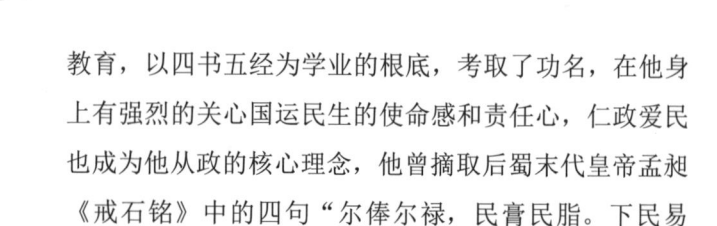

教育，以四书五经为学业的根底，考取了功名，在他身上有强烈的关心国运民生的使命感和责任心，仁政爱民也成为他从政的核心理念，他曾摘取后蜀末代皇帝孟昶《戒石铭》中的四句"尔俸尔禄，民膏民脂。下民易虐，上天难欺"来勒石自警，展现其人道精神。

无疑，黄庭坚眼中的"云腴"，进入红尘，他的视野中就成了这幅图景："摘茶人自忙。月团犀腌斗圆方。研膏入焙香。"他以关爱之心品尝，在《煎茶赋》中，不仅说喝茶的好处"苦口利病，解涤昏"，还提醒胃寒体虚的人要注意"寒中瘠气，莫甚于茶"。后来，顾炎武在《日知录》中也写道："今南人往往有茶癖，而不知其害，此亦摄生者之所宜戒也。"

儒家因仁设礼，以礼显仁，讲究通过喻象（意象）表达思想，所谓君子比德，如"以茶利礼仁"。也就是说，在儒家看来，茶这种意象能够在日用伦常之中落实儒学思想。所以茶有德，唐代刘贞亮著有《饮茶十德》，将饮茶的利益归纳为"十德"，即以茶散郁气，以茶驱睡气，以茶养生气，以茶除病气，以茶利礼仁，以茶表敬意，以茶尝滋味，以茶养身体，以茶可行道，以茶可雅志。后来人讲"茶德"还包括廉、美、和、敬、理、融、俭、静、洁、健、伦等。

儒家茶文化，不同于道教、佛教的茶文化追求出世，而是永春于心，积极入世，修齐治平，拯救天下苍生，品格超迈豁达，中和美乐。儒家推崇"中和"，以乐养中，在和乐之中体验生命的春意。晚唐宰相裴汶在《茶述》中指出，茶叶"其性精清，其味淡洁，其用涤烦，其功致和。参百品而不混，越众饮而独高"。北宋大儒司马光把茶与墨相比："茶欲白，墨欲黑；茶欲新，墨欲陈；茶欲重，墨欲轻。如君子小人之不同。"可见，他更是将茶上升到社会道德的高度。

一如黄庭坚身上有着儒释道三教文化和合而成的基因，茶所蕴含和承载的是中华文化交融所形成的一种精神。

gài lù
盖露

【释义】香烟的别称。

香烟在叫"香烟"之前，有不少别称。明代姚旅《露书》中称作"淡巴菰""金丝醺""盖露""佘糖""发丝"；《清实录·太宗实录》中称作"丹白桂"；明代熊人霖的《地纬》中称为"仁草""八角草"；明末方以智的《物理小识》中称为"淡把姑""担不归""淡肉果""金丝烟"；清代叶梦珠的《阅世编》中称作"干酒"；明末杨士聪的《玉堂荟记》和清代汪灏的《广群芳谱》中称作"烟酒"；清代汪师韩的《谈书录一卷》及《金丝录·题词》中称作"打姆巴古""大籽古（菰）""醺""芬草"；清代阮葵生的《茶余客话》中称作"相思草"。"香烟"一词出现于清代刘廷玑所撰的《在园杂志》卷三。

这些名称中，最不可思议的是"盖露"。清代陆烜在《烟草三十韵》中写道："品记金丝字，香闻翠盖谈。"其自注："凡烟草顶上三叶谓之盖露，极清翠、香烈，俗美其名曰醉仙桃，曰赛龙涎，曰担不归，曰胡椒紫，曰辣麝，曰黑于菟，皆是物也。"清代诗人沈德潜有咏烟之作："八闽滋种族，九宇遍氤氲。筒内通炎气，胸中吐白云。助姜均去秽，遇酒共添醺。就火方知味，宁同象齿焚。"据《热河志》记载："陇旁隙地，多种烟草，肥大至径尺，其近顶处数尺曰盖露。"原来，盖露之名是从烟叶的形状得来的。

虽然烟草"盖露"与当今"香烟"制作工艺不一样，但其用途是相同的，都是供人吸。香的气味、露的剔透，都使烟草有一种诱人的魅力。我曾看过一篇文章，在讲吸烟的好处，说烟草具备的功效主要有三方面：驱寒解表，可以扶阳；解郁结，可以宣肺；通十二经脉，治疗各种寒凝气滞。实际上，清代陈淏子在《花镜》中介绍了吸烟的好处和害处："人喜其烟而吸之，虽至醉仆不怨，可以祛湿散寒，辟除瘴气；但久服肺焦，非患隔，即吐红，或吐黄水而殒。抑且有病，投药不效，总宜少吸。"

历来赞美酒的诗词很多，现代养生学也不否定少量饮酒对身体的益处，这让爱酒的人有了酒文化之外的"生命科学"的理由来保持与酒的亲密关系。吸烟者面对"吸烟一点好处都没有"的强大舆论攻势,背负害己害人的罪恶感,在敌意环境中满足所好,真不容易。

张岱的一句"人无癖不可与交,以其无深情也;人无疵不可与交,以其无真气也",让很多人将自己的癖、疵示人。林语堂说:"我很愿意承认吸烟是道德上的一个弱点,但在另一方面,一个没有道德弱点的人,也不是可以全然信任的。"鲁迅的烟瘾跟林语堂有一拼,可是一次鲁迅不小心把烟头扔在了林语堂的帐门下,将林语堂的蚊帐烧掉了一角,林语堂心中十分不悦,厉声责怪了鲁迅。鲁迅觉得林语堂小题大做,因损坏一床蚊帐,就生这么大火气,太不应该了,便回敬说一床蚊帐不过五块钱,烧了又怎么样?两人就这样争吵了起来。

烟草是明代由南洋等地传入中国的,据清代金埴《巾箱说》载:"明末始入中华,今人呼为'相思草',言不食则相思弗能已也。"清代赵翼诗曰:"偏惹相思欲断难。"我亲眼见到几位亲友戒烟不堪其苦,的确"相思成病",艰难度日而又吸上。人对任何东西一旦产生依赖,离开了即"相思",都是不幸的、痛苦的、危险的。

明代后期,北方各边防要塞,抽烟袋锅"衔长管而火点吞吐之"成为普遍现象，甚至有因抽烟而醉倒者。清代，黄烟与大烟（鸦片）并行，由于前者比后者危害小得多，所以从宫廷中的皇帝、太后到普通百姓，吸烟者为数甚多。

康熙朝礼部尚书韩菼烟瘾大出了名，相传他酷嗜烟、酒二物，有人问他，如果不得已要去掉一样，你先去哪一样呢？韩菼回答"去酒"。《四库全书》总编纪晓岚嗜烟，黄钧宰在《金壶浪墨》中说："烟量之宏，烟具之大，以纪河间为第一。"清朝烟民多用水烟，纪晓岚嫌水烟容量小，不过瘾，便用旱烟。《清稗类钞·纪文达嗜旱烟》中说："河间纪文达公昀嗜旱烟，斗最大，能容烟叶一两许。"因此，他便有了"纪大烟袋"的雅号。乾隆还"赐斗一枚"，并准他在翰林院吸烟。纪晓岚在其烟管上刻了一句铭文："牙首铜锅，赤于常火，可以疗疾，可以作戈。"纪晓岚活了80多岁，成为当今有文化、知历史的瘾君子之"吸烟照样长寿"的例证。

我小时候还能看到拿烟杆抽黄烟的，后来渐渐少了，看不到了。近些年，很多公共场所禁止吸烟，烟民空间越来越小，数量也在不断减少。

diāo yú
雕 舆

【释义】指玉饰之车，多为对车驾的美称。琱，为"雕"的异体字，雕刻、刻镂之意。

从安庆到合肥的高速公路上，车辆缓缓而行。透过车窗，看到堵在路上的豪华迎亲车队，不由得思接千载，想到了张衡写《二京赋》，左思写《三都赋》，文章中绕不开的是车子。如《二京赋》中写道："商旅联槅，隐隐展展。冠带交错，方辕接轸"，"属车九九，乘轩并毂"。《三都赋》中也写道："百隧毂击，连轸万贯，凭轼捶马，袖幕纷半"，"车马雷骇，轰轰阗阗"。

几千年来，车子似乎永远是都市繁荣的象征，也似乎永远是交通拥堵的原因。清代文人富察敦崇在《燕京岁时记·破五》中写道："春日融和，春泥滑汰，香车绣橞，塞巷填衢。"因车子造成的拥堵，情况很严重。

车子用于代步，以提高行旅速度、缩短两地距离的主要功能实现后，人们继续对其热爱、追逐，是因为它可以显示地位、身份、排场、时尚等，从而更加注重车子的档次。皇帝当然无人可比了，《史记·司马相如列传》记载，秦汉以来，帝王出行时的侍从车（属车），大驾八十一乘，法驾三十六乘，分左中右三列行进。考古发现，皇家车马雍容华贵，铜车马上配有7000克左右的金银饰件。马前额上叶片状的金当卢，马头上的金银络头，两骖马脖子上由42节金管和42节银管组成的金银项圈等是精品。右侧骖马头部上方，还有一个半球形的铜泡，上面镶有16颗金珠，铜泡正中有个高22厘米的铜柱，铜柱顶端的铜球上有一个穗形璎珞——这是皇帝车舆的标志。

张衡撰《思玄赋》，还是写到了豪华的车子，如"轪瑂舆而树葩兮，扰应龙以服路"。瑂舆，指玉饰之车。当时豪车无非以木材稀贵、金属配件精良、装饰材料高端来体现。金子、珠玉、黄铜等都是装饰物。豪车上一个璎珞，甚至比普通的一辆车子还贵。当"瑂舆"演化为对车驾的美称，有些人坐在车里得意自豪，有些人看见了羡慕嫉妒恨。刘邦与项羽都见过秦始皇出巡的车队。项羽对叔父项梁说："彼可取而代也。"刘邦则长叹："大丈夫当如此也！"秦始皇搞"车同轨"，全国各地车辆往来方便了，自己想去哪里也容易了，可同时却为自己带来潜伏的危险。项羽、刘邦、张良……许多人都想坐上跟他一样的一流御车。

中国车舆文化悠久而丰富，常以车主的角色决定文化的性质。刘义庆的《世说新语·容止》写到一位特别的车主。美男子潘安在街上驾车，引起少女们围观，甚至连中老年妇人都为其美貌着迷，纷纷向他投掷水果，结果他的车子扔满了水果。如此"追星"，怎能不造成交通堵塞呢？

另一个车主，春秋时期宋国大将军华元，在公元前607年，跟郑国打仗，却死在了为自己驾车的羊斟手上。两军交战前，华元为了鼓舞士气，杀羊犒劳将士，忙乱中忘了给羊斟一份，羊斟便怀恨在心。交战的时候，羊斟对华元说："分发羊肉的事你说了算，今天驾驭战车的事，可就得由我说了算了。"说完，他就故意把战车赶到郑军阵地里去。结果，堂堂宋军主帅华元就这样轻易地被郑军活捉了，宋军惨遭失败。不得不说，羊斟太小心眼了，把一碗羊肉看得比国家都重要。

汉代的夏侯婴是个特别出色的车夫，不仅技艺高超，更重要的是，他认定自己是"天下第一车夫"。他先后给四任皇帝驾过车，先给刘邦驾车并任太仆，接着给汉惠帝刘盈、临朝称制的吕太后驾车，后来又给汉文帝刘恒驾车，并担任太仆一职。他开的都是高级"辎舆"，感觉很舒服，也十分知足。

春秋时期的晏子，为了教育齐景公不要过于奢侈，故意坐一辆破车出行。后来，晏子又坐上了高档车，马儿健壮，车盖华美。车夫吕成赶马驾车，趾高气扬，被他老婆看见了。晚上，吕成一回到家，他老婆便提出要跟他离婚。吕成不明白自己做错了什么。老婆数落道："晏子个头不高，却肩负着宰相的重任，名扬天下。他坐在车上，神情稳重深沉，若有所思，没有一点骄傲自满的样子。而你呢，虽然身材高大，也不过是个车夫而已，却那么张扬炫耀、得意扬扬、不可一世。在晏子这样渊博贤明的宰相面前，你竟然还如此地炫耀自己的才能，妄自尊大，我都替你脸红，怎么继续跟你过下去啊？"听了老婆这番话，吕成顿时脸红了，满头冒汗，羞愧不已。从此以后，他检点行为，对人也变得谦和起来。

历朝历代的贵族和有钱人，对车轿的讲究，是奢侈、体面生活的一部分。李清照本来生活在物质优渥的家庭，拥有香车宝马。可是，金兵入据中原，她成了难民，押运十五车书籍器物，流寓南方，境遇孤苦，一路上文物不断丢失，到最后散失殆尽。在宋朝新的京城临安,李清照的故国之情难以释怀,看到香车宝马,内心难免感慨,作了一首《永遇乐》宣泄情绪:"落日熔金,暮云合璧,人在何处?染柳烟浓,吹梅笛怨,春意知几许?元宵佳节,融和天气,次第岂无风雨?来相召、香车宝马,谢他酒朋诗侣。"

正如唐代诗人卢照邻在《行路难》中写的:"人生贵贱无终始,倏忽须臾难久恃。"是否坐上香车宝马,似乎也成了人生起落的一个标志。

簠 篹
fǔ guǐ

【释义】簠和簋,都是中国古代食器。簠为青铜制,长方形,器与盖的形状相同,各有两耳,可却置,用以盛黍、稷、稻、粱,西周晚期开始出现,沿用至战国。簋为侈口,圈足,方座,或带盖,无耳或有两耳、四耳,青铜或陶制,盛行于商周时期。

生活于文化断层的时代,我对祭祀仪轨懂得甚少,难免尴尬。在乡下参加祭祀活动,我常显得无知、笨拙,以至于都不敢参加。有些祭祀不参加,内心愧疚不安,并且也会背上"无礼"之责。这几年,农村许多姓氏家族竞相修建祠堂,主要用于祭祀祖先,此外作为各房子孙办理婚、丧、寿、喜等典礼的场所。

因财力不等,祠堂建筑规模大小不一,如果家族中有大商人出资,祠堂往往讲究,高大的厅堂、精致的雕饰、上等的用材,显得恢宏气派。尽管建筑"高大上",而有些东西却是有钱买不来的,那就是成为珍稀文物的礼器,如"簠"与"簋",现在几乎没有哪个祠堂会有。

"簠簋"作为祭祀器具，古来有之。

簠，是中国古代祭祀和宴飨时盛放黍、稷、粱、稻等饭食的器具。簠的基本形制为长方形器，盖和器身形状相同，大小一样，上下对称，合则一体，分则为两个器皿。簠出现于西周早期，主要盛行于西周末春秋初，战国晚期以后消失。冯梦龙的《东周列国志》第七十一回就写到这个器具："（田）穰苴对曰：'夫御寇敌，诛悖乱，臣请谋之。若夫布荐席，陈簠簋，君左右不乏，奈何及于介胄之士耶？'"

簋，也是中国古代盛放煮熟饭食的器皿，同样用作礼器，流行于商朝至东周，是中国青铜器时代标志性青铜器具之一。《晏子春秋》中记载："景公饮酒，夜移于晏子，……公曰：'酒醴之味，金石之声，愿与夫子乐之。'晏子对曰：'夫布荐席，陈簠簋者，有人，臣不敢与焉。'"据说，现在都江堰文庙还收藏有一只圆口、双耳的簋。

食器，同时又是礼器，这说明远古的祖先吃喝的用具跟现在是一样的。随着时代的变迁，食器在变化，现在多用陶瓷制的碗、盘、碟，形状大小不同而已。礼器也相应变化，拿碗、盘盛食物敬神和祖宗，不会得罪他们，但是要洗干净，否则为不敬。同时，礼器摆放要整齐，不能杂乱，否则也是不恭敬。《礼记·礼器》说："君子之于礼也，有所竭情尽慎，致其敬而诚若，有美而文而诚若。"祭礼要有恭敬之心，每个细节都不能敷衍马虎。

这个词也让我想起一个成语，叫"簠簋不饰"。《汉书·贾谊传》写道："古者大臣有坐不廉而废者，不谓曰不廉，曰'簠簋不饰'。"簠簋不饰，亦作"簠簋不修""簠簋不饬"，是对做官不廉者的一种说法。虽然"簠簋"早就不用作食器和礼器，但作为一个生僻的符号，在历史上，会不时出现于道德祭坛。

明代有个名叫王元翰（号聚洲）的清官，却被人用"簠簋"砸倒了。沈德符的《万历野获编·台省·王聚洲给事》记载："滇人王聚洲元瀚以庶常授工科给事，素著才名，慷慨论事，物情甚向之，忽为郑御史环枢继芳所劾，专指其簠簋秽状满纸，王不待处分竟归。"事件发生于万历三十七年（1609年）二月，御史郑继芳弹劾户部给事中工科右给事中王元翰侵占公私财产，"奸赃数十万"。王元翰曾上疏要求起用顾宪成等被罢免的十多名人士，被认为是东林党人，这是他被攻击的真正原因。郑继芳在上疏的同时，暗中派人对王元翰家进行监视，主要观察哪些东林党人与王元翰往来并防止转移财产。王元翰悲愤不已，把家里的箱子、柜子全部抬到

朝廷门口，让士兵搜查，然后恸哭辞朝而去。

"簠簋不饰"，若只是少数官员的腐败行为，就不会牵动最高统治者的脑神经，也不会使朝野清流感到眼中布满飞虫。如果出现"簠簋之风"，那么整个社会制度受到侵蚀，至尊至重之祭礼也受到污染，国家就危险了。据载，康熙初年，因鳌拜等人把持朝政，官场贪污之风盛行，州县官吏用贪污剥削来的钱财贿赂总督、巡抚等，督抚又用贪污来的钱交结朝中大臣，大小官吏贪污公款、侵吞民财，上下勾结，徇私舞弊，甚至军队中的兵饷也被长官克扣了。康熙除掉鳌拜集团，坐稳大位，加大了反腐力度，他劝谕官员们"以操守为第一"，"持己清廉，爱护百姓"。康熙二十一年（1682年），山东莱阳人赵仑（号阆仙）在江南任督学，他从自身做起，清廉为官。在过长江的船上，他拍击船桨，指水发誓，如果贪一毫之私，就不能生还江北。他说到做到，"于是干谒不行，孤寒吐气，簠簋之风，为之一变"。（陈康祺《郎潜纪闻初笔》）

"簠簋"入诗者，我欣赏唐代张衮在一次祭祀活动中创作的一首，其中两句："笾豆簠簋，黍稷非馨。懿兹彝器，厥德惟明。"意思是说，五谷美味并不是最香的，光明的德行才是馨香啊！

yòu shāng
侑 觞

【释义】劝酒的别称,佐助饮兴的一种雅致说法,也有佐餐下酒之意。

陪酒是一种古老礼仪,请人陪酒要讲传统礼数,奉行让客人多喝才算"喝好"之观点。陪酒是由"侑觞"演化过来的,从上流社会普及到民间,形成了最具特色的民俗。

《礼记·乡饮酒义》中记载,宴饮开始,宾主互相敬酒行礼,然后按尊卑长幼的秩序依次相酬,不断地饮酒作乐,尽欢乃止。席间乐曲演奏分为升歌、笙奏、间歌、合乐四个阶段。宴罢,要为宾客送行,日后还要往来拜谢。这套程序把人们的行为举止和思想感情,统统纳入礼的规范之中。当乡大夫举行乡饮酒礼时,乡大夫为主人,乡之父老为宾客,其中最老而知礼节者为上宾,其余的人为众宾,主要目的是明长幼之序、习宾主之礼,教化人们互相亲睦、尊长敬贤。

春秋时，叔孙穆子（叔孙豹）受聘于晋国，晋悼公设宴款待，唱《鹿鸣》第三章，这是"鹿鸣宴"的萌芽。唐代时，凡由地方官员推荐赴京应试者称为"乡贡"，地方州县官要设宴欢送，因宴席间必须奏《鹿鸣》之曲，诵《鹿鸣》之歌，所以称为"鹿鸣宴"。明清一直沿袭这个传统。

当"侑觞"的娱乐性变成功利性，便藏有种种目的，包括阴谋。"侑觞"多被政治家利用，甚至其本身就是一种政治。311年，匈奴刘聪的军队攻陷了西晋首都洛阳，晋怀帝司马炽被俘，囚禁于平阳。刘聪为了显示威仪，在宴请群臣的时候，命令司马炽穿着青衣、裹着头巾，给匈奴王公贵族们洗酒杯、斟酒，这就是历史上有名的"青衣侑酒"的故事。司马炽尽管卑躬屈膝、隐忍苟活，可最终还是被刘聪毒杀了。

宋代的邓肃好酒，"孤馆得村醪，一醉空离绪。酒醒却无人，帘外三更雨"，颇有意犹未尽的惆怅失落；有时还很感伤，"花榭水轩催客老，饭囊酒瓮与心违"；遇到没"侑觞"的酒局，更是凄冷无比。一次，他跟朋友聚会，遇到"忌日"，遂作《邓成彦邀李益之朱乔年及某一饭适忌日无侑觞》，诗中写道："点额万里归，兀坐冷如水"，"我生饮红裙，万事空一洗。

所失如蜩毛，岂惟一饭耳"，"何妨具大烹，肉食从客鄙"。

有侑觞助兴，文人灵感活跃，激情四射。南宋词人韩元吉参加郑舜举的宴会，直接将"侑觞"作为题目，写了一首《菩萨蛮·郑舜举别席侑觞》，说明他感谢郑舜举待客礼教，并对侑觞之形式和规格予以欣赏："诏书昨夜先春到，留公一共梅花笑。青琐凤凰池，十年归已迟。灵溪霜后水，的的清无比。比似使君清，要知清更明。"

过去，权贵、富豪办家宴，请梨园侑觞，排场大。主客一边饮酒、行酒令；一边听曲、观戏，热闹有趣。民国初年的小说家穆儒丐在小说《梅兰芳》中有这样的描述："当日北京花界，实无今日之盛。席面上的应酬，全赖像姑活动。写张条子，一招即至，佐酒侑觞，备极旖旎，然不能久坐，旋即他往。像姑每出，御者外，必随健仆一，手握山胡桃，棱棱作响。像姑入席，健仆鹄立室外，时间长短，一听仆命。仆以为时至，则故使胡桃发声，像姑闻其声，立即起席。"

"像姑"是一种陪酒的少年优童，他们出入高档会所、"私寓"等，靠陪人喝酒挣钱。京城的"像姑"在"堂子"里坐班，或听候顾客召唤上门服务。"堂子"的称谓,《清稗类钞》中有描述:"伶人所居曰下处,其萃集之地,为韩家潭,樱桃斜衔亦有之,悬牌于门曰某某堂,并悬一灯,客入其门,门房之仆,起而侍立,有所问,垂手低声,厥状至谨。"以"侑酒"为职业,吃的是青春饭,相貌要好,声音要好,酒量要好,他们绝非平庸优伶之辈,而是精通礼仪文化,且艺术造诣高。

我曾发表感慨:"酒席上三大险恶,一是将自己杯子的酒往别人杯子中倒,二是自己不多喝指使别人多喝,三是自己酒量大强迫别人陪着喝。"我总觉得,饮酒过量,难免伤身误事,还是奉劝嗜酒者"侑觞"为乐,适可而止,适时放下酒杯,才能畅谈人生、畅谈理想。

醘 醵
pú jù

【释义】指聚会饮食,出食为醘,出钱为醵。

当今人际交往,聚会习以为常,除了大方人宴请,便是轮流做庄,也有实行 AA 制的。我年轻时,常常和工友各自在食堂打菜,然后放到一起吃,还有人拿钱买酒,大家共饮,非常快乐。后来在《古代汉语》上认识了"醘醵"这一词,出钱为"醵",出食为"醘",意思是指聚会饮食。我觉得它对出钱、出酒、出菜而一起就餐之事概括得很精致。"醘醵"这事儿一直是人类的活动,可为什么"醘醵"一词却消失于常用词汇之中呢?

汉代刘向的《列女传·鲁之师母》中有:"妾恐其醘醵醉饱,人情所有也。"唐代吕渭的《皇帝移晦日为中和节》写道:"历象千年正,醘醵四海多。"清代吴伟业的《哭志衍》也写道:"请府发千金,三军赐醘醵。"醘醵,是四海皆有的人情,从政界到军营,从皇宫到民间，都有它的影子。

中国饮食文化源远流长，"赐酺醵"演变成一种激励、奖赏部属的手段。一些穷文人遇到一个有权有钱的文友，雅集就不愁了。三国建安文士以曹氏父子为中心，云集邺下，经常宴游，诗酒竞豪。曹丕在《与吴质书》中回忆了当时的盛况："昔日游处，行则连舆，止则接席，何曾须臾相失？每至觞酌流行，丝竹并奏，酒酣耳热，仰而赋诗。当此之时，忽然不自知乐也。"建安文风极盛，成一时之风气。后代文人很羡慕，夸奖道："诗酒唱和领群雄，文人雅集开风气。"

西晋时期，一群文人找到了可以出钱出食的"大佬"——鲁国公贾谧，还有西晋首富石崇。他们聚会，美酒佳肴应有尽有，不在话下。人数"双十二"，誉称"金谷二十四友"。其中有"古今第一美男"的潘安，"枕戈待旦"的刘琨，"洛阳纸贵"的左思，三国名将陆逊的孙子陆机、陆云，等等。石崇何等人物！他"与皇帝的舅舅斗富获胜"，娶了"中国古代美女绿珠"。石崇的金谷园，是文友们经常活动的地方。石崇如果只是有钱，大伙儿还是玩得不会太爽，他夹在当中也很憋闷，能玩到那么有高度，跟他的文才有极大关系。文友除了饮酒，自然要作诗，合集为《金谷诗》，石崇作序，他这样描述："时征西大将军、祭酒王诩当还长安，余与众贤，共送往涧中，昼夜游晏，屡迁其坐，或登高临下，或列坐水滨，时琴瑟笙筑，合载车中，道路并作。"

东晋时期也有一个影响深远的宴饮集会，人数更多。他们的诗集也由拿出"酺醵"的人作序。东晋穆帝永和九年（353 年）的三月初三，任会稽内史、右军将军的王羲之邀请谢安、孙绰、孙统等四十一位文人雅士聚于会稽山阴（今浙江绍兴）兰亭修禊，曲水流觞，饮酒作诗。有人提议，不妨将当日大伙儿所写的三十七首诗，汇编成集，得到响应，于是诞生了《兰亭集》。众人推王羲之写一篇序。王羲之酒意正浓，提笔在蚕纸上畅意挥毫，一气呵成，这就有了冠绝千古的《兰亭集序》。

后来，历代文人莫不学金谷、兰亭而宴集。李白在《春夜宴从弟桃李园序》里记叙了某个春天的晚上，他和堂弟们在桃李园聚会，并定下规矩，如果有人写不出诗，就依照当年石崇在金谷园聚会时的先例，罚酒三杯。不知道李白是不是解决"酺醵"的人，他倒是没白吃，留下了几句名言："夫天地者，万物之逆旅也；光阴者，百代之过客也。而浮生若梦，为欢几何？古人秉烛夜游，良有以也。况阳春召我以烟景，大块假我以文章……"

欧阳修在《与尹师鲁第二书》中说道："又朱公以故人日相劳慰，时时颇有宴集。"这个朱公显然是赐"醑醴"的先生了。欧阳修没赶上北宋的一次垂名后世的聚会，而苏轼赶上了。东道主是驸马王诜，他宴集以苏轼为首的十六位文人高士，当时由李公麟作画，米芾题记，以记其盛会，史称"西园雅集"。后人认为此会可与王羲之的"兰亭雅集"相媲美。

清代扬州是繁华之都、商贸中心，文人聚会随便就能找到赞助"醑醴"的盐商、茶商、绸缎商。那时候，商人好附庸风雅，贴上"儒商"标签是一种体面，花几个小钱养养文人值得。据史载，袁枚、吴敬梓、杭世骏、厉鹗、蒋心余、吴锡麟、姚鼐等著名文人都曾在扬州漂过。他们有的在书院教书，有的在家中著述，有的卖诗文字画，而市场客源主要是商人。扬州文人聚会宴饮，诗成之后，立即刻板印发全城。扬州文人是快乐的，因经常参加雅集活动，容易筹到丰盛的"醑醴"。

民国时期，杭州"东皋雅集"成员最多时三十余人，但它却没有因主人是位漂亮的才女而出名。二十世纪二三十年代，在新文化思潮的影响下，北京的知识精英如胡适、梁实秋、徐志摩、闻一多、梁思成、林徽因等常在一起喝茶、聚餐，写白话诗和小品文，不亦乐乎。其中，林徽因的"太太客厅"最具代表性。在这个"客厅"中出现的，有金岳霖、钱端升、张熙若、陈岱孙、沈从文等学者、教授、作家、编辑，还有萧乾、卞之琳等文学青年，或许还有来蹭饭的人。"太太客厅"成为美谈，也有非议，现在它倒成了现代文学史的"特殊符号"，极具人文色彩。

当我和朋友谈及宴聚雅集缺乏经费时，有人提议找个老板赞助，而我认为，与其得一人之"醺醵"，不如大家出钱的出钱，出酒的出酒，出食的出食，一起共摊，才不会误解"醺醵"之内涵。

粝粢

lì zī

【释义】粝是粗米；粢是粟米，也是谷类的总称。粝粢泛指粗恶的饭菜。

如今过年，食物几乎没有什么吸引力，虽然仍要做一大桌菜。平时吃得好，肚子里油水多。现在反倒提倡吃高纤维食物，粗粮很受欢迎。

记得小时候最盼过年，重要原因之一就是到了过年才能吃到比平时丰盛的饭菜。所谓"丰盛"，只能跟当时物资匮乏比较而已，若跟现在物资丰富比较，仍然相差太大。有一年过年，我家只买到5斤猪肉，为在整个春节期间用好这些肉，母亲花了很多心思。切一斤瘦肉用于配菜，切三斤五花肉和骨头烧一盘红烧肉，限制每人年夜饭吃两块，然后留起来招待正月来拜年的亲戚。炸丸子用肉量极少，主料是米饭、山芋粉，同豆腐、豆腐渣等糅合捏成丸子油炸。这种丸子很好吃，是过年的佳肴。

早春也被称为"荒春"，因为无农作物可收，稻米已吃光或即将吃光,麦子得等到五月才能收割,窖存的山芋是主粮。现在将山芋的价值抬得很高,但餐餐吃,未必不会厌烦。我们那里土话叫"吃伤了"。不过有东西吃就饿不死人。遇上自然灾害,吃完了粮食吃野菜,吃光了野菜吃树皮,剥没了树皮吃"观音土"(一种黏土矿物,小说《白鹿原》有饥民吃观音土的描述。这种土可充饥,但不能被人体消化吸收,吃了以后腹胀,难以大便,少量吃不致命;尽管不会饿肚子,但由于没有营养,人还是要死)。

挨过荒春的人能活下来,否则成为饿殍。我的父母经历过大饥荒岁月,目睹着身边人一个个倒下,而他们却走出了死亡的边缘。他们活到晚年,一直崇尚节俭、反对奢靡。我儿时也挨过饿,吃"粝粢之食"造成发育不良,但没影响成长,后来生活得以改善。"改革开放"制度,最人道的,是解决了粮食问题,一地遇到荒灾,外地粮食调入,灾民不会食物短缺。

当年尽管吃不饱饭,但夏天时令蔬菜还是不少的,如豇豆、南瓜、葫芦、扁豆、辣椒、茄子、黄瓜等。如果连天雨造成内涝,淹了菜地,也会造成没菜吃。那时觉得不好吃的炒南瓜叶、蒿子头、山芋叶、水芹等蔬菜,现在却被人们认为其富含营养成分,有利改善血糖、血脂、血压，且价格不便宜。患"富贵病"的人越来越多，远去的"粝粢"又被人追捧起来。

食，是头等大事。除了遵守宗教信仰之戒律而能三餐素食者，估计没多少人愿过天天无荤的日子，也不想总是吃未经加工的"原汁原味"而难咽的食品。所谓"粝粢"，即粗糙的食物。古书上说，尧"茅茨不剪，采椽不斫，粝粢之食，藜藿之羹，冬日裘，夏日葛衣"。也就是说，尧住的是用没有修剪过的茅草芦苇、没有刨光过的橡子盖起来的简陋房子，吃的是粗粮，喝的是野菜汤，冬天披块鹿皮，夏天穿件粗麻衣。

孟子说"人人皆可为尧舜"，单凭"粝粢之食"这一点，大多数人就做不了尧舜。孔子不主张过尧舜那种艰苦生活，他是很讲究吃的。《论语·乡党》就记载孔子对吃的看法："食不厌精，脍不厌细。"

吃饱吃好，是人的正常欲望，但不可每日泡于饕餮盛宴，也不可因吃上一般的食物而改变志向。孔子说："贤哉，回也！一箪食，一瓢饮，在陋巷，人不堪其忧，回也不改其乐。贤哉，回也！"（《论语·雍也》）后来，孟子自觉站在孔夫子的立场，向大家讲几句符合人性的"公道话"："口之于味也，目之于色也，耳之于声也，鼻之于臭也，四肢之于安佚也。性

也，有命焉，君子不谓性也。"（《孟子·尽心下》）

清代美食家李渔说："吾观人之一身，眼耳鼻舌，手足躯骸，件件都不可少。其尽可不设而必欲赋之，遂为万古生人之累者，独是口腹二物。"他讲这一大段，不如"民以食为天"五个字简洁明了。李渔崇古，他能否真的乐活于尧之"粝粢之食"？他说："吾谓饮食之道，脍不如肉，肉不如蔬，亦以其渐近自然也。草衣木食，上古之风，人能疏远肥腻，食蔬蕨而甘之……"毕竟，这话没有多大说服力，他写了"蔬食"，接着写"肉食"，连野禽、野兽的味道如何，都能一一讲出来。认为"脂腻填胸不能生智"的他，聪明得很。

食之观，因人而异；食文化，世代相传。自古以来，谈食的文章多，也吸引眼球。虞宗有《食珍录》，袁枚有《随园食单》，李渔有《闲情偶寄·饮馔部》。周作人、梁实秋、汪曾祺等作家谈食的文章向来被人津津有味地品读。许多报纸副刊竞相开设专栏谈吃，出版社对写美食的书稿特别感兴趣，电视专题片《舌尖上的中国》收视率创专题片最高纪录，播了一遍又一遍，拍了一季又一季。"民以食为天"，大概如此。

鹑衣 chún yī

【释义】鹑鸟尾秃,像敝衣短结,因此这个词用来形容破旧的衣服。

小区里有个回收旧衣的橱柜,上面写着"衣衣不舍"。我每天从其旁边路过,都会看一眼,并且想起自己经历过的衣物紧张,甚至衣不蔽体的年代。三十年的时光过去,仍然记忆犹新。

有一天,重读高晓声的《李顺大造屋》,读到"穷得家徒四壁,鹑衣百结,才独身至今",不由得心中戚戚,不是滋味。鹑,是一种鸟,头小秃尾,羽毛赤褐色,杂有暗黄色斑点和条纹,好像一件没有下摆、布满补丁的破衣。

穿衣,是人类的基本需求。李贽在《焚书》一书中说:"穿衣吃饭,即是人伦物理;除却穿衣吃饭,无伦物矣。"聪明的皇帝都重视民生,设法改善民生。历史上有两个皇帝穿过"鹑衣"。一个是汉文帝刘恒,经常穿打补丁的龙袍、草鞋上朝。他还不允许老婆们穿得太过华丽。汉文帝躬行节俭，励精图治，终于开创了永为后世史家称赞的"文景之治"。

另一位清朝皇帝道光，刻意艰苦朴素，却遭后世之讥。他穿的裤子破了，不换新的，而是命人在破洞上面打一个补丁，就这样继续穿。大臣们看到后，纷纷效仿起来。有一次，他发现军机大臣曹振镛的裤子上面有个补丁，就问："你的裤子怎么也会打补丁？"曹振镛答道："裤子做新的比较容易，就是太贵了，所以打了补丁。"道光皇帝问道："你在宫外给裤子打补丁需要多少钱？"曹振镛答："需要三两银子。"道光皇帝说："还是你们在宫外做东西便宜啊，我在宫内需要五两银子呢。"此外，道光皇帝吃饭也不太讲究，每天晚上吃点烧饼，喝点稀饭，吃鸡蛋的时候还要问一问价钱如何。不幸的是，他没有给清王朝带来"中兴之治"的局面。

贫家读书人，"鹑衣百结"就普遍了。有意思的是，"鹑衣"与文人发生关系，便成了一种"文化现象"。人不能被鹑衣打败，穿得虽差，精神不掉价！

晚清学者牛作麟，九岁时就与兄长给富人家牧羊，备受牧长的詈骂拷打。十三岁时独担家中薪刍之劳，"严霜冷食，短薄鹑衣，至暮始回"。自十七岁之后，经常遇到饥荒,为养家糊口,他专做苦力挣钱,甚至还讨过饭。但他发奋苦读,后来成了一个学识渊博的人。牛作麟认为,理学的精髓在于心学,需要人们实心实践,学习古圣先贤,追求孔颜之乐。他教育子弟为政者必须寓精明于浑厚,藏严正于宽洪;为学当养圣贤之所谓浩然之气。在移风易俗、启迪民智、家庭教育等方面,他不随流俗和时弊,有自己独特的思考和见解。他谆谆告诫晚辈,要俭朴持家、耕读兼济,不要有仕宦之气;女眷当自食其力,读书明理,相夫教子,使牛氏家风蔚然形成。他的一部《牛氏家言》,被当今不少人认为,堪比南北朝的《颜氏家训》。

我的童年,跨越二十世纪六十年代末至七十年代初。当年,全国绝对贫困人口比例大。国家搞计划经济,制造业和商业都很落后,布料凭票供应,偏偏家家子女多,人均布料不足以保持每人每年都有新衣穿。穿补丁的衣服,非常普遍。我印象中,父亲到晚年衣服上才没补丁。他的中年恰是我刚开始懂事的年纪,见父亲一身破衣,我感到可怜难过,生怕他到学校找我交代什么。他那"鹑衣百结"的样子,实在伤我小小的自尊心。

母亲平时总是缝缝补补,打理一家七口人的衣服。

有补丁的衣服，毕竟比有破洞的衣服好。母亲去世前，向父亲交代了一些事情，包括要求将我送给她的一段布料予以陪葬。这布料是我参加工作后买给母亲缝制衣服的，可她一直压在箱子里，每次请裁缝师傅做活儿，她都舍不得拿出来。打开母亲的木箱拿那段陪葬的布料时，我发现了另一段布料——白色的确良。我把它抱在怀里，对父亲和哥哥们说："这是妈妈留给我的，我知道她的心思……"

1977年恢复高考，不仅中学生发奋学习，就连我们那所小学也学风浓郁，经常开展科目竞赛。我是五年级二班的学生，五年级一班的陈干数学成绩好，他母亲是本校老师，她对陈干充满了期待和希望。带五年级两个班的数学老师不止一次将陈干树作"学模"，什么陈干做题目非常认真，卷面又特别干净；什么陈干考试分配给每道题的时间都非常合理……陈干便成了同学们眼中的"数学神"。每次考试，他的数学成绩总是满分。在新的一轮数学竞赛拉开序幕前，陈干把他母亲的许诺透露了出来：考第一名就买的确良衬衫。我很羡慕他，回家后对母亲说："妈，陈干要是考第一名，他妈妈就给他买的确良褂子。"

母亲说："陈干爸爸是区委干部，妈妈是老师，都拿工资,他家当然有钱给他做的确良褂子。"母亲从来不问我的成绩,因为家里一面墙上贴了十几张奖状,成为她缝补衣服时的背景,所以她心中清楚我的学习情况。这一回,我决定让她问一下我的成绩,于是说:"妈,你认为这次数学竞赛,我能考第几名?"母亲回道:"你要好好考。"我说:"要是我考了第一名,你给我做的确良衬衫吗?"母亲笑了一声,说:"我给你做。"

学校对这次数学竞赛很看重,考试一结束,就立即组织人阅卷,不少老师站在走廊里等候结果。当卷子阅到只剩下十来份时,传出了"陈干考94分,排名第一"的消息。陈干母亲喜形于色,她对走廊里的老师们说,陈干的确良衬衫算穿成了。这句话恰恰被我听见了,心里陡然一凉,垂头走进教室。第三节课的时候,班主任老师来到教室,一脸灿烂地说:"我们班何诚斌考了第一名。"我一怔,然后激动得不敢看任何人,心中却充满了喜悦。

我把这个消息告诉母亲的时候,她高兴地夸奖道:"我儿真行!"可她没有讲的确良衬衫的事,我也没提。我知道提了也没用,家里实在拿不出买布的钱。

我长大后,读到"公孙布被十年,子夏鹑衣百结"

（《幼学琼林》），心中对自己的童年有了一种乐观的比照，因为后来衣物丰富，连旧点的衣服都不穿而淘汰了。同时，我感觉到"鹑衣"对于我这种爱写作的人，童年的经历转化为"历史叙事"，也是对过去时代的一种交代。

黼黻
fǔ fú

【释义】古代礼服上所绣的花纹，黼为黑白相间的斧形图案，黻为黑青相间、正反两"弓"相背的图案。后泛指花纹、文采，亦比喻文章饰以华丽的辞藻。

在一家收藏"徽州三雕"文物及艺术品的单位，看到一块仿制清朝乾隆的御墨，上刻"黼黻昭文"四字。黼黻，泛指礼服上所绣的华美花纹。最早出自周制，天子服十二章纹样，分别为：日、月、星、山、龙、华虫、宗彝、藻、火、粉米、黼、黻。其中"黼黻"最早分别表示两种事物："黼"专指"斧"，半黑半白的斧形图案，天子服之，取其断；"黻"专指正反两"弓"相背的图案，象征君臣合离，也有说象征背恶向善的。

汉代荀悦的《汉纪·孝武皇帝纪》曾记载："天子负黼黻，袭翠被。"之后历朝历代的服饰改革，天子服饰仍保留着十二章纹样，并且部分纹样改型渗透到达官显贵的朝服当中。《晏子春秋·谏下》记载："公衣黼黻之衣，素绣之裳，一衣而五采具焉。"清代黄鷟来

《杂诗》之二有诗句："灿灿黼黻裳，乃出寒女治。"从这些作品中都可寻其踪迹。

从官服的华美，引申到文章的文采，出自《左传·桓公二年》："火龙黼黻，昭其文也。"历代官员和文人，对"黼黻"充满敬畏和向往。"学而优则仕"，莫不是衣服、文章皆"黼黻"。《幼学琼林》说："簪缨黼黻，仕宦之荣；缝掖章甫，贫儒之饰。"多少贫儒为了博取功名，耗尽心血。但屡考不中的大才子太多了，有写《聊斋志异》的蒲松龄；有明代"唐宋派"代表作家，被称为"今之欧阳修"的归有光；还有鼎鼎大名的诗人、画家，却没考中进士的徐渭等。

不知是炫耀显摆，还是以衣服代表身份，一些执笔为文者直接将"黼黻"指作爵禄。如唐代崔湜的《故吏部侍郎元公碑》："雅尚冲漠，脱落人事，鼎钟黼黻，罔泊其志。"唐代钱起的《寄任山人》诗曰："天阶崇黼黻，世路有趋竞。"茗荪的《地方自治博议》也有这样的表述："天子无独断之力，民间有参政之权，衮冕黼黻，悉不足以炫燿。"

另有一派津津乐道于文章之"黼黻"，或许其揣测不会引起官场非议，何况"官样文章"自是一体。明代沈鲸《双珠记·风鉴通神》写道："官样文章大手笔,衙官屈宋谁能匹?冀得鸿胪第一传,平地雷轰声霹雳。"所以,有这种观念支撑,夸奖"黼黻文章",快哉也。

可是,毕竟文章黼黻,不等同于权位黼黻。仅写一手好文章还不够,还得有知遇之恩。苏东坡在四川大山里多年寒窗苦读,有一年进京考试,在老爸苏洵的带领下,提前几个月来到京城进行社交活动,拜访当时的名人张方平、欧阳修等。书上说,老苏与一些名人见面后拿出的是诗,不知还有没有四川的土特产。苏氏父子靠的是真才实学,但他们进城想找人提携的心理是可以理解的。

曾国藩从湖南湘潭一个叫荷叶塘的小山村走出来,干了一番惊天动地的事业,可他毕竟是一位受人怀疑与牵制的汉族人,前程乃至命运都掌握在满族旗人手中,他不得不向满族权贵靠拢,投入穆彰阿、恭亲王的门下,成为曾氏在京城的落脚点和官场靠山……我们在看这些名人故事的时候,很容易表示不屑,但我们要全面地看,如果有人道德败坏,不讲人性,一心一意钻营攀附,找保护伞,然后做坏事,有了权势之后,挤对他人,这种人就可恨可悲了。而曾国藩在晚清污浊的政治环境下,在官场长袖善舞,左右逢源,与人交往时极尽拉拢抚慰之能事，必要时还"啖之以厚利"，并在之后坚守自己的道德标准，能屈能伸，乃成大事者必备。

宋朝有个叫李定的人，参加科举，考得一塌糊涂，又没有钱买官当，他苦思冥想，用什么办法到京城去攀附一个大官呢？后来，他终于想出了一个妙主意。当时，王安石推行变法受到了阻力，许多大臣，也就是既得利益者纷纷反对变法。李定得到这样一个信息：皇帝神宗对王安石的变法很感兴趣。于是李定经过一番策划，写了一篇文章，信心百倍地来到了京城，找到王安石，说青苗贷款法如何如何极受农民欢迎。王安石正感到孤立无助，听到对自己有利的来自"基层"的声音，喜出望外，立刻将李定的稿子呈给了皇帝，并积极推荐李定这个改革的"促进派"。不久，李定进入御史台，担任要职，他有了权势之后，拼命排挤、迫害他人，其中苏东坡就是他的重点打击对象。

"黼黻"，从礼服上的华美花纹，到文章的辞藻华美，古今之意有了不一样的注解。贵族们因为地位崇高，"黼黻文章"成为炫耀社会地位的资本。读书人，"解裋褐而袭黼黻"，是几千年的价值取向。超然者，天下河山何不黼黻？"黼黻"逐渐被后世给予了各种新的解释，而使其有了更丰富广泛的含义。

páo zé
袍泽

【释义】 指军中的同事。

读齐邦媛女士的《巨流河》，看到这段描述："郭将军与张学良等原已筹备成立一所中学，教育军人遗族子女，以尽袍泽之情，名为'同泽中学'。知我父亲回国后志在办教育，培育家乡青年新思想，便派他出任校长……"

"袍泽"一词，让我联想到烽火、刀光、血腥中的温情。《诗经·秦风·无衣》一诗就是讲士兵出征的故事，歌颂战士们互相友爱、同心同德的品质："岂曰无衣？与子同袍。王于兴师，修我戈矛，与子同仇！岂曰无衣？与子同泽。王于兴师，修我矛戟，与子偕作！岂曰无衣？与子同裳。王于兴师，修我甲兵，与子偕行！""袍"和"泽"都是古代的衣物名称。衣服跟人的身份有很大关系，古人习惯于"以衣代人"，如青衿、左衽、纨绔、缙绅、巾帼、白衣等都是指人。"袍泽"是将士、战友的代名词。在人类的多种关系中，战友的感情是很深的，尤其是一起出生入死的战友。

"袍"指古代外衣、长衣。如汉代史游撰《急就篇·卷二》曰："袍襦表里曲领裙。"唐代颜师古对此作注说："长衣曰袍，下至足跗。""泽"指古代内衣，如宋代朱熹《诗集传》所写："泽，里衣也，以其亲肤，近于垢泽，故谓之泽。"

清朝孙诒让对古代男子的穿着有这样的描述："盖凡着袍襦者必内着襗，次着袍，次着中衣，次加礼服为表。"古代男子凡穿着袍服，必先穿泽（亵衣），再穿袍（长衣），再加中衣（穿在小衣之外、大衣之内的近身衣物），最后再加礼服。

同袍，本义为同穿一件长衣；同泽，本义为同穿一件内衣。当然，能够同穿一件衣服，就表示双方感情深厚，也就是指战士间的相亲相爱，故"同袍""同泽"都作为军人间的互称，原是形容军中士兵相互友爱，同仇敌忾，后用来形容军中同事之间患难与共的情谊。因此，"袍泽"就合用成为军中战友的代称了，如袍泽故旧、袍泽之谊等。

西周武士身着的"练甲"大多以缣帛夹厚绵制作，

属布甲范畴。春秋战国除大量使用皮甲胄外，也使用青铜铠甲。战国后期出现了铁制铠甲。秦代的戎服，上自将军下至士卒，形制全部相同，一律上穿深衣（上衣和下裳相连在一起），下穿小口裤，士卒腿上裹有行缠，足穿靴或履。汉代的戎服在整体上有多方面与秦代相似，军队中不分尊卑都上穿禅衣（无衬里的单层衣），下穿裤。禅衣为深衣，又称沙縠禅衣（即有皱纹的单衣）。西汉铁制铠甲开始普及，并逐渐成为军中主要装备，这种铁甲当时称为"玄甲"。魏晋时期的戎服主要是战袍和裤褶服。袍长及膝下，宽袖。褶短至两胯，紧身小袖，袍、褶一般都是交直领，但也有盘圆领，裤则为大口裤。与西晋相比，东晋的裤脚更大，很像今天的女裙裤。南北朝时期的戎服很具特色，不仅样式多，融合了多民族的服饰，而且因武官制度进一步完善，官兵在服饰上有了更明显的区别。隋代使用最普遍的铠甲为两裆铠和明光铠。据《唐六典》记载，唐代的铠甲有明光、光要、细鳞、山文、鸟锤、白布、皂绢、布背、步兵、皮甲、木甲、锁子、马甲等十三种。宋代军队的普通士兵作战时只有衣甲，头上戴的是皮笠子（革制的笠形帽）。

元代蒙古主力军全部是骑兵，组织严密、装备精良，而且还配有火器，尤为突出的是甲胄。明代的甲胄绝大多数是用钢铁制造的，技术十分先进，种类繁多。清代火器的日益发达使铠甲越来越不受重视，因此清代的铠甲在前期还用于作战，中期以后纯粹成了摆设，只有在阅兵典礼上有时还使用，作战时只穿戎服或绵甲，根本不穿铠甲。

尽管戎装在变化，但"袍泽"却固定了下来。人类和平与战争的交替，制造了多少痛苦与不幸，就发生过多少"袍泽之情"的故事。云南腾冲市滇西抗战纪念馆墓园有个巍峨肃穆的忠烈祠，门柱有副挽联缅赞当年喋血沙场为国捐躯的抗日英烈："为民族争生存，战死沙场君无遗恨；痛国家方多难，追思袍泽我有余哀。"

《人民文学》1978年第8期发表了《朱德同志早年诗抄》，这些诗的创作背景是：1917年春，朱德在四川泸州与靖图军将领、泸州地方名士等29人组成"怡园诗社"，并将诗社成员诗作辑成了《江阳唱和集》，其中辑录了朱德诗作18首。《人民文学》同期发表了赵朴初《读朱委员长泸州诗敬作》长诗一首，其中两句话意味深长："旧时袍泽同盟侣，化为蛮触争蜗涎。"

负暄
fù xuān

【释义】 冬天接受阳光曝晒。语出《列子·杨朱》中的"负日之暄,人莫知者",后以"负暄"作为向君王敬献忠心的典实。

冬日,坐在背风的墙下晒太阳,是非常惬意的事。烧一壶开水,沏一杯茶,慢慢喝,发发呆;也可以跟家人、邻人或朋友,一起聊一些不会引起情绪波动的话题,既悠闲,又充实。这种享受的事儿,古人称为"负暄"。

据《列子·杨朱》记载:"昔者宋国有田夫,常衣缊黂,仅以过冬。暨春东作,自曝于日,不知天下之有广厦隩室,绵纩狐狢。顾谓其妻曰:'负日之暄,人莫知者。以献吾君,将有重赏。'"宋国有一个农夫家里贫穷,每天穿一件粗麻衣勉强过冬,春天在太阳下曝晒,觉得舒服,就想将这取暖的办法进献给国王,如此"忠君",是教育的缘故,还是本有的质朴?如果不做不良动机的推测,倒不可嘲笑其行为的"幼稚"。国王虽有丝绵皮袍和暖室，但不一定能得到"负暄"之乐。

何况"负暄"还能达到养生的效果。白居易有诗："杲杲冬日出，照我屋南隅。负暄闭目坐，和气生肌肤。初似饮醇醪，又如蛰者苏。外融百骸畅，中适一念无。旷然忘所在，心与虚空俱。"韦应物也有诗："负暄衡门下，望云归远山。但要尊中物，余事岂相关。交无是非责，且得任疏顽。日夕临清涧，逍遥思虑闲。"还有周邦彦，诗中虽无"负暄"二字，但分明就是这意思："冬曦如村酿，奇温止须臾。行行正须此，恋恋忽已无。"

有些事情一出现在诗词、文章，尤其是经典著作中，往往就有了文化的意义。杜甫的诗："达士如弦直，小人似钩曲。曲直我不知，负暄候樵牧。"又如梅尧臣的诗："誓将默无言，负暄方抱膝，非非孰是是，都莫答问诘。"不就是农夫曝晒取暖很舒服，想进献给国王吗？但在诗中，"负暄"就不再单纯指曝晒取暖了，它用来比喻所献出的东西并不贵重难得，却是向君王敬献忠心的典实。

晚清实业治国代表人物、李鸿章的重要幕僚周馥，写了一部书《负暄闲语》。他虽取晒太阳时闲话之意，在序中强调"为诫诸幼孙而作"，实则对整个社会的家庭教育都有价值。他教育孩子要细心，帮助孩子广闻博见，确立以修身为成人之本的核心立世信念，从多方面扎扎实实地练好基本功。他说："家庭琐琐絮语，不足以阐大道，然登高自卑，学道之功实基于此。"他提出，教育孩子要耐心，要反复强调、循序渐进，告诫他们"欲速则不达"。

读《负暄闲语》，让我想起几年前看过的《负暄琐话》。这本书是张中行先生记述二十世纪三十年代前期以北京大学为中心的旧人旧事，好多地方写得幽默风趣，且不乏酸甜苦辣的人生百味，引人深思。

dài dàng
骀荡

【释义】舒缓荡漾,形容声调、景色或心情。

谢朓的《直中书省》中有句诗:"朋情以郁陶,春物方骀荡。"在这里,"骀荡"表现的是春光之舒缓美好。是啊,走在这个季节里,万物复苏的景象让人的心情不再忧郁、思想不再沉沦,能真切地感受到自己的世界被植物拥抱,充满了热情与力量。"云烟酿春色,心目两骀荡。"由春光之景到人之精神,我知道,只有在自然中荡漾,无拘无束,才是真正的自由、任性。"骀荡而不得"的朋友,何不来和自然亲密接触?不是我的邀请,而是自然对你的邀请。

一位经商的朋友对我说:"像你多好,读读书,写写文章。"我知他对我的羡慕,只是逆境中的一种心绪而已,于是回答他:"你当年也是个文青,后来有志于创业,从僵化的体制中跳出来,下海经商,一步步走到今天,社会影响力比我大多了。"

反观自身，我也是一步步走过来的，读书写作，舍弃不了的爱好，且成为谋生的手段。人生有许多条路可以走，但只走了这一条路，命矣！比起纯粹的文人，我还是很现实的，除了写小说散文，还写些应景文章，或寄身民营企业搞策划宣传。这种现实，一旦感到无奈，或者厌倦，就产生逃离的想法，甚至付诸行动，所以几十年来职涯生计不稳。

我觉得，心文贴近自然，才能得之"骀荡"。我们在高楼大厦里待久了，对季节的感受是很差的，尤其对于季节变化中的自然表现是无知的。室内也有常绿植物，可与季节的关联性十分微弱。在盆景旁生活的人们，目光不会在它们上面停留多长时间，它们对人们的影响也几近于无。楼房越来越高，盆景入室也越来越多，而人类的自然属性却在一天天地减少、消失。大家都在物质的丛林中，以欲望得不到满足的饥饿感和明天不知道在哪里的焦虑感，营造出充满紧张和压力的空间。

不希冀文学改变命运，而只是以文学来壮大自己精神的人，走过一个个昼夜轮回的日子，必然会像春天的植物一样，什么也阻挡不住自我的呈现、葳蕤、曼衍、滋繁。何况一如呈现自然内在的功力，植物即使远在乡野，不被大厦中的人所夸奖，也会长势特别好。

明代王慎中说："凡世之有好于物者，必有深中其欲，而大惬于心。其求之而得，得之而乐，虽生死不能易，而岂有所计于外。"王慎中因诗人朱碧潭的事迹而感发此言。朱碧潭贫穷得无法谋生，他酷爱写诗，可诗却不能流传，他乐此不疲，写满家里的墙壁窗户。家人讥笑他说："你涂些什么东西，真讨人嫌，只会弄脏墙壁窗户，又不能吃，难道画饼充饥！"家人拿起笔砚往他身上掷去，想以此激怒他，让他别再作诗，而有所作为。他却不生气，照旧作诗。王慎中理解他，说朱碧潭情愿关门作诗，虽挨冻受饿，衰病失意，也不厌倦，就是因为这是他的爱好。人们不看重他的诗，怎么能阻挠他的志气，改变他的兴趣呢？书痴、文痴、艺痴，自然有令人讨厌处，但比起财迷心窍的人，还是可爱了许多。

前天读清代郑日奎的《醉书斋记》，我觉得他的"骀荡"是真实的情感流露："于堂左洁一室，为书斋，明窗素壁，泊如也。设几二：一陈笔墨，一置香炉茗碗之属。竹床一，坐以之；木榻一，卧以之。书架书筒各四，古今籍在焉。琴磬麈尾诸什物，亦杂置左右。"他陶醉于这种环境，每天如此度过："甫晨起，即科头拂案上尘，注水砚中，研墨及丹铅，饱饮笔以俟。随意抽书一帙，据坐批阅之。顷至会心处，则朱墨淋漓渍纸上，字大半为之隐。有时或歌或叹，或笑或泣，或怒骂，或闷欲绝，或大叫称快，或咄咄诧异，或卧而思，起而狂走。"至于家里的盐米等琐碎事务，都是他妻子掌管，很有秩序，因此他没有什么顾忌和忧虑。郑日奎遇到了一个贴心的妻子，否则"骀荡"会被"吵闹"替代。他告诉妻子，自己要像戒酒一样戒掉书瘾，妻子却不答应，她说："不能赞成君谋。"她欣赏他痴迷于书的天真可爱的样子，"吾亦惟坐视君沉湎耳"。

撇开"书痴者文必工，艺痴者技必良"不说，一种精神"骀荡"的生活，当今尤其令人向往，也尤其难以得到和拥有。

xié háng
颉颃

【释义】鸟飞上飞下、跳跃的样子,也指不相上下的意思,进而引申为刚直傲慢。

大概有半年多时间,我在城郊一家单位工作。办公楼周围是一片人造林,人稀鸟稠。我喜欢观鸟于枝丫间穿梭嬉闹,发现总会有几只鸟飞得很高,在林子的上空飞来飞去,或扶摇直上,或俯冲而下,像搞对抗训练似的。它们不相上下,都是厉害角色。

这让我想起《诗经》里的两句诗:"燕燕于飞,颉之颃之。"还有司马相如《琴歌》中的诗:"何缘交颈为鸳鸯,胡颉颃兮共翱翔。"这说明古人观察到鸟儿成双成对地飞翔娱乐是常态化,或者"颉颃"是鸟的一种本性。看见单鸟孤飞,不由得"离愁"上心头,就如唐代许浑写《孤雁》叹曰:"昔年双颉颃,池上霭春晖。"

从观鸟到观人,这是古人最爱干的事之一。"颉颃"也用来比喻文人的才华不相上下。如《晋书·文苑传序》中写道："潘夏连辉,颉颃名辈。""潘夏",即潘安仁和夏侯湛。他俩是西晋时期的大才子,并且还是美男子。他俩交往甚密,每次出行都坐在同一辆车子里面,同坐一席,人们称其为"连璧"。夏侯湛的才华与当时的名家相颉颃,估计他不会谦虚,他在《东方朔画赞》中写道:"苟出不可以直道也,故颉颃以傲世。""颉颃"有傲慢的样子之意,文人"颉颃",或因骨子里清高,而容不得别人的光芒遮蔽自己。

颜之推在家训中专门讲了写作之事。他说,儿啊,文章的本质,就是揭示兴味,抒发性情,容易使人恃才自夸,因而忽视操守,勇于打斗。有的人一个典故用得快意妥当,一句诗写得清新奇巧,就神采直达九霄,心潮澎湃雄视千载,以为自己写得最好,不觉得世上还有旁人……颜作家是过来人,认识到作文之道潜伏凶险,"砂砾所伤,惨于矛戟,讽刺之祸,速乎风尘"。难道他因此就不写文章了?非也,他告诫儿子,文章还得去写,好文章要学习,不好的文章要批评,但不能伤害对方的人格自尊,"至于陶冶性灵,从容讽谏,入其滋味,亦乐事也"。

魏晋名士风流,三两同好饮酒赋诗,臧否人物,是平常事。他们多以松柏自喻,潇洒清高,且以贪浊狼藉、蝇营狗苟为耻；可以"拔新领异""才藻新奇"，但不"强学人作尔馨语"，更不可"为人作耳目近玩"。傅嘏与荀粲都是文章高手，两人谁也不服对方，结果写文章就成了迎战，而有违性灵了。其实各写各的，"善言虚胜"也罢，"谈尚玄远"也罢，彼此不欣赏自有别人欣赏，好坏自有读者评价。后来，一个姓裴的作家出面劝和，"释二家之义，通彼我之怀，常使两情皆得，彼此俱畅"。

　　骂人文章进而打人，做得非常露骨的是一个叫周仲智的作家，他对周伯仁说："你的才华不如我，为啥比我有名气？"说罢拿起燃烧的蜡烛砸向周伯仁。周伯仁笑了笑说："你用火烛打我，真是下策。"另有一个青年作家许玄度也不饶人，当有人在他面前说王苟子善写能道时，他很不服气。有一天，他得知王苟子跟一帮学者在会稽西寺进行学术交流，没邀请他，他非常气愤地主动跑过去找王作家论理，比比优劣。几番争论下来，许玄度真的战胜了王苟子。事后，志得意满的许作家问支法师，自己论说得怎么样？支法师回答道："君语佳则佳矣，何至相苦邪？岂是求理中之谈哉？"意思是说，真正的求理不应像许玄度非得反复与人打斗，赢而后快。

许玄度应该接受支法师的劝告，做一个高风亮节、坦荡风流、寻味理趣的文人。何晏就值得他学习。当时，何晏乃一级作家，并且还是吏部尚书，他在政治上属于强硬的保皇派，跟司马氏集团过不去，但他于学问文章却不失风度。他家经常高朋满座，有一天一个不到二十岁的小青年王弼也来参加清谈。何晏说自己正在注解《老子》，自我感觉良好。这时，王弼把《老子》的思想阐释得头头是道，新意迭出。这分明是"颉颃名辈"。何晏听了，觉得王弼比自己理解《老子》更透，就不再注解《老子》，鼓励新锐王弼注《老子》，自己只写了一篇《道德论》。如果何晏要打击王弼的文章，以他在政坛与文坛上的地位，会打成什么结果，可想而知。

dié xiè
蹀躞

【释义】有如下多种意思：①小步行走的样子；②繁多的样子；③轻薄无行的言语；④衣服上的饰物。

"蹀躞"指小步行走，它的引申义丰富，还有变义，弄不好就会错解它。男人走路大步流星，昂首阔步，说明身轻体健，且有阳刚之美。女人以淑柔为美，以舒曼为气质，仪态端庄尤佳。所以，"蹀躞"是女人的行走特征，透着一种阴柔之美。

唐代权德舆的《从叔将军宅蔷薇花开，太府韦卿有题壁长句，因以和作》："环列从容蹀躞归，光风骀荡发红薇。"蒲松龄《聊斋志异·长亭》："女郎急以碗水付之，蹀躞之间，意动神流。"蔡东藩《清史演义》第一回："三人欢喜非常，便从山下蹀躞前行，约里许，但见一泓清水，澄碧如镜，两岸芳草茸茸，铺地成茵，真是一副好床褥。就假此小坐。"三个长得天仙般美丽的女人，是恩古伦、正古伦、佛库伦三姐妹，其中小妹佛库伦是爱新觉罗部的祖婆。现代作家冰心也喜欢"蹀躞"这个词,并很恰当地运用到《寄小读者》九中:"当她在屋里蹀躞之顷,无端有'身长玉立'四字浮上脑海。"

若说男人"蹀躞",就是讽刺与挖苦了。南朝鲍照在《拟行路难》诗之六中写道:"丈夫生世会几时,安能蹀躞垂羽翼?"大丈夫一辈子能有多少时间,怎么能小步走路而失意丧气呢?或者是路途坎坷,实在不好走,迫不得已而"蹀躞"。如明代谢肇淛《五杂俎·地部二》所写:"越明日,朔风举帆,踊跃碧虚,蹀躞于黄混水,号曰望昊洋,依凭延真岛。此皆从来人迹不到之乡。"行路难,做事难,写文章也难。唐代戴孚的《广异记·王法智》中便说:"诵毕,众求其诗。率然便诵二首云……自云:'此作亦颇蹀躞。'"

为了让更多女人实现"蹀躞之美",宋代之后男人们以一种社会运动的方式,诱逼女孩子从小通过缠足塑造"三寸金莲",使她们不得不小步行走。女人脚太小,步履艰难,颤颤巍巍,一步三摇,真是娇弱可怜。在缠足时代,绝大多数妇女大约从四五岁起便开始裹脚。我母亲也曾缠足一年,她生在民国,反对缠足之风吹到了她的家乡,她终于"放脚"而自在行走了。母亲曾告诉我缠足的具体做法：用一条狭长的布带，将足踝紧紧缚住，从而使肌骨变形，脚形纤小屈曲，一直到成年之后，骨骼定型，方能将布带解开；也有终身缠裹，直到老死之日。缠足通过外力改变脚的形状，严重影响了脚的正常发育，引起软组织挛缩，这个摧残身体的痛苦过程是不足以用言语描述的。

由"小步行走"的意思，引申到"繁多"。如明代朱权的杂剧《卓文君私奔相如》第二折写道："我则见绣屏开花枝蹀躞，绮窗闲花影重叠。"再有，将"蹀躞"这一表示行走之态的词，变成了说话之态的词。如蒲松龄《聊斋志异·胡四相公》："若个蹀躞语，不宜贵人出得！"蹀躞语，难道说话如"小步行走"般的缓慢、颤动？何垠这样注释："蹀躞，犹云琐碎也。"所以"蹀躞语"是指浮漫不庄重的话语。汉代牟融《理惑论》写道："昔公明仪为牛弹清角之操，伏食如故。非牛不闻，不合其耳矣。转为蚊虻之声，孤犊之鸣，即掉尾奋耳，蹀躞而听。"原来比蒲松龄之"蹀躞语"早 1500 年就有"蹀躞而听"，一种注释为"踮着小步听"。这与"蹀躞而行"离得不远，还是后来的"蹀躞语"让人颇费脑筋。

"蹀躞"成为佩戴的饰物，有点让我无法理解，不过这是隋唐时期就出现的一种功能型腰带,称为"蹀躞带"。司马光《涑水记闻》卷十一中写道:"元昊遣使戴金冠,衣绯,佩蹀躞,奉表纳旌节告敕。"宋代张枢《谒金门》词也有一句:"重整金泥蹀躞,红皱石榴裙褶。"《辽史·二国外纪·西夏》:"其冠用金缕贴,间起云,银纸帖,绯衣,金涂银带,佩蹀躞、解锥、短刀、弓矢,穿靴,秃发,耳重环,紫旋襕六袭。"

面对形形色色的"蹀躞",我感觉自己应对的功力不够。不过,喜欢这一句的凄美:"千般荒凉,以此为梦;万里蹀躞,以此为归。"

迍邅
zhūn zhān

【释义】同"屯邅",形容行路艰难的样子,亦指处境困难。语出《易·屯》:"屯如邅如。"

《周易》屯卦:"六二:屯如邅如,乘马班如。""屯"原指植物萌生大地,万物始生,充满艰难险阻,然而顺时应运,必欣欣向荣。"邅",指难行不进。"迍邅",多指困顿及处境不利之意。

人的一生,大多时候有如道路坎坷一样行进艰难,越有成就的人越如此。因而,晋代左思的《咏史》之七这样感慨:"英雄有迍邅,由来自古昔。"走出家门,背井离乡,在外打拼,有多少人能够衣锦还乡?于是,唐代张𬸦《游仙窟》发出了"嗟运命之迍邅,叹乡关之渺邈"的感叹。

有一天,我遇到几年未见的朋友。他告诉我他是世上最艰难的人。我立即说,每个人都艰难,而你不算最艰难的,无非是这些年没挣到钱,但你的孩子由爷爷抚养，供其读书，你既没有赡养父母也没抚养孩子，相对来说经济压力不大，不算很艰难。所谓相对，我列举了他和我共同熟悉的一些人及他们的艰难。

世人总觉得自己艰难，是普遍的心理。曾经，我背井离乡，在城市打拼，感到苦和累时，受到委屈时，我产生过逃离的念头，但一想到别人的艰难，我就打消了念头。试想，比我艰难的大有人在，他们能忍受，自己有什么理由不能忍受，甚至逃避现实呢？我常常鼓励自己做强者，这是非常必要的。

虽说如此，生活中却有一些人由于害怕生活中的艰难，铤而走险企图达到一夜暴富、从此过上逍遥自在的生活，结果胡作非为，丧尽天良，造成人神共愤，实为"人作孽，不可活"。这样的"艰难"不好受，也博不来同情。艰难或许改变不了，但可以改变看待艰难的态度。

春节前回家，坐的是临时增开的加班火车，大站小站都停靠，并且还经常停下来让车，到安庆西站时晚点了三个多小时。乘客的心情都很急躁。有个乘客问一位五十来岁的列车员，你不急吗？列车员回答，急是没有用的，习惯了，当列车员几十年，什么情况都可能造成晚点。这是他年内最后一班岗，他也想快点回无为县老家和亲人团聚。

列车员还告诉大家，他到北京西客站停车场无数次了，可至今不知道西客站的门楼是什么样子，也从来没游玩过北京，或下车买过东西，因为火车到了终点站，停留一个多小时，他又得乘上返程的火车。听到这话，我感到老列车员几十年来在列车上日夜颠簸、兢兢业业的艰难处境，心里突然得到了平静。人大多时候不满意自己的工作和生活，所以感到艰难。应该想到，只有接受艰难，迎难而上，我们才不至于悲观，也才能将艰难"等闲视之"——以积极的心态面对生活，培养工作的兴趣。如果工作的兴趣实在培养不起来，责任感一定不可丢，对家庭、对父母，或对子女尽义务。在坚强中品味艰难，创造精神崇高的自我。

陈独秀一生沉浮，在革命的征途上常常是"孑身苦迍邅"，到晚年"依然白发老书生"。他曾赠诗艺术家刘海粟："行无愧怍心常坦，身处艰难气若虹。"他也曾在《悼老友李光炯先生》的诗中说："艰难已万岭，凄绝未归魂。"艰难是考验人的最好的试金石，把握住艰难，不变气节，是仁人志士的"独善其身"。

kǒng zǒng
倥偬

【释义】事情纷繁、急迫、匆忙的样子,如戎马倥偬,军务倥偬;也指穷困窘迫。

新旧交替之际,备感时光匆匆,一年又过去了。难怪韩愈有诗感喟:"人生本坦荡,谁使妄倥偬?"

中国人注重过年,更注重人的年龄庚辰,这是节日文化的外延。记得小时候,母亲总爱告诉我,年一过又将长一岁。到了自己能自觉地给自己加岁数的时候,就觉得时光过得特别快,一晃就是一年,岁齿逐增。

随着年龄的增长,过年那种喜悦的心情,逐渐被生命深层的忧郁意识所淡化。正如李卓吾所说,失去"童心",代之以世俗杂念,人也就少了许多自由、自在与欢乐。反过来,我们更注重过年了,因为往往总想在过年的时候挽留一些什么,或想给新年带来一些什么,结果在年的缝隙里,塞满了困惑、空虚甚至痛苦。

人一旦长时间被事情占据,"倥偬无暇","行色倥偬"，得不到休闲，会影响心情，尤其在困苦窘迫的时候，"倥偬"带来的是消极悲观情绪。汉代刘向的《九叹·思古》中写道："悲余生之无欢兮，愁倥偬于山陆。"《后汉书·张衡传》也说："诚所谓将隆大位，必先倥偬之也。"龚自珍的《江左小辨序》这样写道："使倥偬拮据，朝野骚然之世，闻其逸事而慕之，揽其片楮而芳香悱恻。"这些"倥偬"就是从匆忙、繁忙中滋生的困苦。

文人寄托于吟咏、书画，于事情纷繁急促、时光匆忙中安顿一颗波动的心。清代诗人王愈扩在《周亮工小传》中写道："戎马倥偬，不废讲咏。"周亮工著有《赖古堂集》《读画录》，降清后，他单骑入邵武叛兵营，招降首领耿虎；随后，又镇压建宁陈和尚、延平吴赛娘的抗清队伍。顺治九年（1652年），郑成功率部围攻漳州，城内绝粮，周亮工临危受命，代理漳州巡道，从戈戟林中破围入漳，协助守城。漳州解围后，城厢内外尸骸狼藉，周亮工捐赀收埋遗骸十余万具，发粮煮粥供应饥民，并赎回被清军掳掠的良家子女千余人。可是，周亮工被称为"贰臣"，实在有损名节。从他诗文中，不难看出其心绪之复杂："荒城兀坐对灯残，归计先愁百八滩。尔又远来余未去，高堂清泪几时干？"

因战事紧张,军务繁忙,戎马倥偬,让人疲累是必然的。连统率湘军的曾国藩都有过退隐江湖的念头:"短城三面绕,浅水半篙寒。鸟过穿残日,鱼行起寸澜。秋来楼阁静,幽处地天宽。平昔江湖性,真思老钓竿。"(《桂湖五首》)曾国藩不仅是清朝军事家、政治家,还是理学家、文学家,在治家、治军、治国、教育等方面都有重大建树。毕竟,他对待"倥偬"有过人的修养、智慧和精力,在为官为政、带兵打仗的同时,写下无数家书、家训名篇名句。他把家庭教育思想引申到社会教育层面,影响了一代又一代人。他被梁启超、章太炎等众多国学大师所推崇,钱穆称他为"算得上是一个标准的教育家"。曾国藩可谓"功名显于戎马倥偬时",而"文章则盛之乎升平时",真正影响后世的是他为文化传承所做的贡献。

走出"倥偬"的精神困顿,首先要战胜"空茫"。倥偬,或能充实生活;而它一旦转化到另一面,就会使人陷入空虚茫然。叔本华说:"人受意志的支配与奴役,无时无刻不在忙忙碌碌地试图寻找些什么。每一次寻找的结果,无不发现自己原是与空洞同在,最后不能不承认这个世界的存在原来就是一个大悲剧,而世界的整个含义就是'痛苦'二字。"悲观消极的人,一旦出现精神空茫,立刻用世俗的利欲给填充起来,以致一生因功名利禄而"进取",为酒色财气而"索求",当灾难降临,缺乏心理承受力与应对的办法,无法消解巨大的空虚与悲观,哀哀乎,戚戚乎,精神遭受重创,欲罢不能。

真正能把握"佺偟",不使自己坠入"空茫",定舵生命意志的人有多少?南朝骈文家孔稚珪在《北山移文》中写道:"敲扑喧嚣犯其虑,牒诉佺偟装其怀。"这是对一位叫"周子"的人的讽刺。此人住在北山冒充隐士,心里却牵挂着高官厚禄。当他初来的时候,似乎把巢父、许由都不放在眼里;百家的学说,王侯的尊荣,他都瞧不起。他能谈佛家的"四大皆空",也能谈道家的"玄之又玄"。等到皇帝派了使者捧了征召的诏书来到山中,他立刻手舞足蹈,改变志向。在宴请使者的筵席上,他扬眉挥袖,得意扬扬。他将隐居时所穿的用芰荷做成的衣服撕破烧掉,立即露出了一副庸俗的嘴脸。他当官后,扔掉道家的书籍,抛弃讲佛法的座席。鞭打罪犯的喧嚣之声干扰了他的思虑,文书诉讼之类急迫的公务装满了胸怀。

在庄子眼里,世人蔽于"人欲"而不知"天道",争名夺利,乐生恶死,斤斤于是非之争,汲汲乎仁义之辩,最终避免不了人性的丧失。所以,他感到深深的悲哀，常被空茫所袭。怎么办？他塑造一个"独与天地精神往来，而不傲睨万物"的自己，以及"乘天地之正，而御六气之辩，以游无穷"的理想人格。

以道德修养来疏导、教化人心性的孔子，"志于道，据于德，依于仁，游于艺"，其对人生的看法和对生活的态度与庄子不同。然而，这个积极的老夫子某日观淙淙东流的河水，不禁顿生倥偬空茫之感，感喟道："逝者如斯夫，不舍昼夜。"正是这种"小悲观"的情绪，引发对人生历程与命运道路的关注与审慎，居安思危，准备迎接与勇于对待"大苦大难"——"知者不惑，仁者不忧，勇者不惧"——儒家思想让人获得了永久的处世的力量。

《论语·泰伯》中有一句曾子的话："士不可以不弘毅，任重而道远。仁以为己任，不亦重乎？死而后已，不亦远乎？"作为一个士人、一个君子，必须要有宽广、坚韧的品质，因为责任重大，道路遥远。有这样的志向和信念，且知行合一，"倥偬"如何能让人陷入困苦、空茫呢？

嚆矢 hāo shǐ

【释义】响箭,发射时声先箭而到,用以比喻事物的开端,犹言先声之意。

小时候喜欢战争片电影,当看到我军打响总攻的信号枪,一束束火光划破夜空时,我与伙伴们都非常兴奋。我们玩模仿游戏,渴望有把信号枪,于是用木头制作枪身,用圆钉做撞针,枪膛嵌上铁皮,装上米粒大小的火药,一扣扳机,"啪"的一声,倒是达到了传递信号的效果。后来得知,信号枪源于古代的"响箭"(也叫"鸣镝")。

响箭就是在箭杆上加上一个哨子,射出去后在风中发出声响,用途是在战场上传递情报,告知我方人员接收情报,或者敌对双方下战书,或者谈判向对方传递信息。响箭一出,埋伏的兵马立刻出动,既快速,又有气势。曹植的《名都篇》写道:"揽弓捷鸣镝,长驱上南山。"明代吾邱瑞的《运甓记·帅阃宾贤》也写道:

"羽书鸣镝警常闻,扬鞭静折愁无策。"

鸣镝(响箭)在内蒙古鲜卑墓葬中多有发现,如商都县东大井墓地鸣镝的材质多为铜质及骨质。司马迁不朽之作《史记》,其中《匈奴列传》记载,秦末汉初,冒顿做了匈奴太子后,其父又和所爱的女人生了一个弟弟,于是他失宠了。接着,父亲想废掉他,把他送到月氏国做人质。刚到月氏国,冒顿的父亲就向月氏国发动了攻击。这明摆着父亲要置他于死地。他偷了匹月氏国王的千里马侥幸逃回。回来后,父亲明里没有摊牌,让他做了万骑之首。冒顿制作鸣镝,射出时箭头发出响声。号令鸣镝所射而不悉射者,斩之。他射其马,射其爱妻,左右紧跟着发射。最后,冒顿和父亲打猎,用鸣镝射向父亲,身边人立即跟从射箭,"遂尽诛其后母与弟及大臣不听从者",自立为单于。文献上还说,至冒顿"匈奴最强大"。

既然"响箭"这个东西很特别,文化人自然就会用它比喻什么。《庄子·在宥》中写道:"焉知曾、史之不为桀、跖嚆矢也!"唐代陈越石《太甲论》中写道:"司马氏之有天下,其始也未尝不伊不周,其终也未尝不羿不浞,皆取伊周以为嚆矢也。《孟子》曰:'无伊尹之心则篡也。'有旨哉!"清代王夫之的《读通鉴论·肃宗》写道："推其本原，刘文静实为厉阶，仅免于危亡，且为愚夫取灭之嚆矢，不亦悲乎？"这些文字中的"嚆矢"，就是指响箭，比喻事物的开端，或某事件的先声。

现代作家仍在使用"嚆矢"这个词，如柯灵的《香雪海·水流千里归大海》："而这二次成功的演出，也就成了后来中国话剧运动的嚆矢。"《上海轶事大观》的作者把淞沪铁路称为"中国铁路之嚆矢"，可见淞沪铁路有中国铁路发端的不朽功劳。

"嚆矢"成为赞语，肯定开创之功绩，诸如此类："王先生的点校精审而明确，且其所加新式标点及分段均为船山著作整理之嚆矢，故对于《船山全书》的编辑工作十分有用，功莫大焉。""陈先生乃中国学界泰斗，他的那本书似为汉语修辞学研究的嚆矢。""这是我国以马克思主义理论研究中国哲学史的嚆矢之作。"

大年前有小年，北方小年比南方小年早一天。造成时间差的原因，民间有各种传说，其中之一说是皇家及京城定于腊月二十三过小年，消息传到南方长江一带，已是腊月二十四了。无论南北，小年是大年的嚆矢。

过了除夕，就是真正的新年，我正在琢磨和玩味"嚆矢"这个词，突然听到屋外阵阵鞭炮声。过年啦！乡下小镇没有禁放烟花爆竹的规定。安庆城内，今年倒是全面禁止燃放烟花爆竹。这是春节期间保护环境之嚆矢！无声乃有声的嚆矢！

刍 荛
chú ráo

【释义】割草打柴之人,后多用以指草野鄙陋之人。语出《诗经·大雅·板》:"先民有言,询于刍荛。"

现在电视上古装戏很多,不少小孩子用自己的思维和眼光观看与理解,许多地方看不懂,如为什么老态龙钟的父皇不让他儿子当皇帝?为什么大家都怕皇帝?为什么一个几岁的小皇帝,大人都要向他下跪?其实不少成年人心里同样有过这些追问,只是不敢说出来而已,谁说出来谁就太天真了,在特殊年代,你说出这样的话会掉脑袋的。明朝隆庆皇帝去世的时候,高拱是当时的"首揆",即首席内阁大学士,他就犯了天真的错误,口无遮拦地说了自己的想法,他对别人说,万历皇帝是一个不满10岁的小娃娃,"你难道能让我相信他真能管理天下大事吗?"结果倒了霉。

还是明朝,万历的老祖宗朱元璋,"下诏求直言",可听了直言却又对人家动粗。一开始,他鼓动大家说真话，说吧说吧，欢迎畅所欲言，把真实的想法说出来，这是献计献策，为朕分忧。可接着，他又对说真话的人不客气。"下诏求直言"，不少皇帝喜欢来这一招，好像是显示自己是开明之君，其实在观察谁是"罪臣乱子"。有些人为了证明自己忠心耿耿，就说出了真话，结果被打断了牙齿，割掉了舌头。山西平遥训导叶居升，针对朱元璋做皇帝以来的所作所为，直言不讳地指陈他执政的过失，提出三条意见：分封太侈，用刑太繁，求治太速。可谓一针见血地指出了朱元璋执政的病根。可是，朱元璋不仅不感激，反而一怒之下命令人将叶居升狠狠地打了一顿屁股，关进了监狱。这一打，还会有人敢说真话吗？能说的所谓"真话"，差不多是那已重复一万遍的套话了。朱元璋的确憎恨贪官，所以套话性的真话极易被他接受。爱卿说得对，贪污六十两银子以上的，格杀勿论！

"下诏求直言"，或许源于"询于刍荛"吧。《诗经·大雅·板》曰："先民有言：'询于刍荛。'"刍荛，割草打柴的人，借指地位低微的人。向普通老百姓了解情况，征求意见，需要一定的胸襟和气度。做到"采狂夫之瞽言，纳刍荛之谋虑"，必是有格局的人，做大事业的人，正如《资治通鉴·汉成帝永始二年》中所说："使刍荛之臣得尽所闻于前，群臣之上愿，社稷之长福也。"

早在几千年前，孟子眼里的"刍荛"，应该是梁惠王"与民共享"的同等的人，"文王之囿方七十里，刍荛者往焉，雉兔者往焉，与民同之"。（《孟子·梁惠王下》）不要以为，刍荛者是低贱之人，他们知道的事，或许恰恰是那些士大夫所不知道的；他们说的话，或许正是君王身边人所不敢说的。《淮南子·主术训》中说："使言之而是，虽在褐夫刍荛，犹不可弃也。"《三国志》中也说："臣闻唐尧先天而天弗违，博询刍荛，以成盛勋。"所以，"刍荛之言或有益"，确实如此。

当然，也有不懂"民本思想"、轻视小角色的人，他们瞧不起刍荛者，不给群众发言权。为了防止发生"语言事故"，吃不了兜着走，有些人便自谦"刍荛之人"——发表的是浅陋的见解。如，刘禹锡在为杜相公所作的《让同平章事表》中说："辄思事理，冀尽刍荛。"

天宝三年（744年），唐玄宗决定重用李林甫，想听听高力士的意见，于是问道："朕自住关内，向欲十年，俗阜人安，中外无事，高止黄屋，吐故纳新。军国立谋，委以林甫，卿谓如何？"高力士颇费心机地回答道:"臣自(开元)二十年已后,陛下频赐臣酒,往往过度,便染风疾,言辞倒错,进趋无恒,十年已来,不敢言事。陛下不遗鄙贱,言访刍荛,纵欲上陈,无裨圣造。然所闻所见,敢不竭诚!"用这些话做一番安全铺垫之后,他接着说:"且林甫用变造之谋,仙客建和籴之策,足堪救弊,未可长行。恐变正仓尽,即义仓尽,正义俱尽,国无旬月之蓄,人怀饥馑之忧;和籴不停,即四方之利不出公门,天下之人,尽无私蓄,弃本逐末,其远乎哉!但顺动以时,不逾古制,征税有典,自合恒规,则人不告劳,物无虚费。军国之柄,未可假人。威权之声,振于中外,得失之议,谁敢兴言!伏惟陛下图之。"

高力士虽自谦"刍荛",实际上却毫不谦虚,这是一种语言策略。还有一种策略,故作微贱之"刍荛",而大唱赞歌。唐朝的宋璟是以"刑赏无私,骨鲠忠烈"著称的政治家,《资治通鉴》赞他"却谀尚实,不事虚文"。宋璟担任宰相兼吏部尚书时,很注意任人唯贤,奖拔寒素之士,力扫前朝卖官鬻爵等弊政。开元六年(718年),有个吏部主事,向宋璟转呈了一篇题为《良宰论》的论文,并夸奖署名作者"山人范知璿",学富五车,才堪重用。宋璟听说被荐者很有才华,又非宦门子弟,心里很高兴,立刻拿起文章,认真阅读起来。

范知璿遣词华美，说理有条不紊，但是文中竭力颂扬当朝宰相，把天下描绘得一派歌舞升平、形势大好。宋璟顿生一种不舒服的感觉。特别是当宋璟看到范知璿文中肉麻地吹捧前任宰相姚崇和他本人是超过古代晏子、张良，远胜太宗朝魏征、房玄龄的股肱贤相时，生性正直又傲然的宋璟，心里更不是滋味了。读完全文，宋璟不禁喟然叹道："范知璿确是个人才！但是在野黎庶，应就国计民生，切切实实提些建议，协助朝廷同心同德地匡正时弊，搞好政事。一味歌功颂德，岂非迎合邀宠！"说罢，随手把《良宰论》往案上一扔，淡淡地对恭立一侧的吏部主事说道："范知璿文才固然还不错，但可惜尽讲些粉饰现实和阿谀逢迎的废话。凭这样一篇东西，要我破格擢用，那怎么行呢？还是让他参加科举考试吧！"

　　山人范知璿，遇到"宰国推良器"的宋璟，可谓割草打柴的人让镰刀斧头伤了自己。

bào pǔ
抱朴

【释义】道教术语,道家、道教思想中追求保守本真,怀抱纯朴,不萦于物欲,不受自然和社会因素干扰的思想。出自《老子》:"见素抱朴,少私寡欲。"

记得小时候,还没有彩色相片,但可以给相片着色。我和几个伙伴从照相馆拿了相片回来,学着照相师傅,用毫笔蘸着不知从哪儿弄来的颜料,给自己的相片着色,常常弄得人不像人、鬼不像鬼,毁了不少相片。但本意是好的,爱美,想让自己看起来漂亮。涂改的过程,幼小的心灵也开始被"自恋"和"虚荣"涂染。随着年龄的增长,涂染就变成了涂改,从精神到灵魂。

下意识地涂改自己,差不多是人们社会心理的一种趋同,在不伤害他人的前提下,可算作积极的行为。但如若是戴上伪善的面具,穿上遮掩真心的外衣,人与人的交往,就变得不真实起来。如果人与人之间都能如老子所说"见素抱朴,少私寡欲","复归于自然",那么人心还何谈有隔膜,人际交往还何谈防备紧张?

抱朴，朴指平真、自然、不加任何修饰的原始。抱朴即道家、道教追求保守本真，怀抱纯朴，不萦于物欲，不受自然和社会因素干扰的思想。

我们的心灵往往受到物质的影响，以至于在利益面前最容易冲动地涂改自己，背叛本来的那个"我"。倘若已有见识和固有成见，认定涂改自己是人的本能，那么认识的局限带来恶果是不可避免的。"依一己之阴，随心造作"，随时随地涂改自己，而受到羞辱比得到好处的机会多得多。儒家为什么说"表里如一""一以贯之""始终如一""慎终如始""威武不屈""巧言令色，鲜矣仁"？道家为什么说"天得一以清，地得一以宁，神得一以灵，谷得一以盈，万物得一以生，侯王得一以为天下正"？

我倒是欣赏不少宋代人，欣赏他们坚守自我、不涂改自己的那种健康的人格。苏东坡的父亲苏洵擅长各种文体的写作，有一天他拿起笔，突然意识到一个问题，就是自己笔下的那些皇帝都是当今天子的先人，他们的传记须忠实到什么程度呢？一味地歌功颂德，还是采取春秋笔法？他可是端着人家的饭碗呀！苏洵决定采取史家的严格写法——不应当文过饰非，即使为自己的先人立传，亦当如此。他说："（洵）后闻臣寮上言，以为祖宗所行不能无过差。不经之事，欲尽芟去，无使存录……纂集故事而使后人无忘之耳，非曰制为典礼而使后世遵而行之也。然则洵等所编者，是史书之类也。遇事而记之，不择善恶，详其曲折，而使后世得知而善恶自著者，是史之体也。若夫存其善者，而去其不善，则是制作之事，而非职之所及也。……班固作《汉志》，凡汉之事，悉载而无所择。今欲如之，则先世之小有过差者，不足以害其大明，而可以使后事无疑之之意。"

不涂改史实，首先不涂改自己的灵魂。

有这样的父亲，苏东坡受到了很好的教育和影响，他一生的出色表现，是华彩内放而非涂改粉饰。苏东坡在官宦生涯中，即使某些时期也曾内心冲突尖锐，但他宁愿保持他的"英雄本色"、他的"浩然正气"，他自由不羁流露真性情且一发不可收。他仗义执言反对王安石的"青苗法"，不是对王安石本人有成见，而是他看到了青苗法带来的诸多社会弊端，他感到有责任表达自己的声音，希望能引起皇上的重视，调整国家政策。

林语堂先生如此评价说："苏东坡在中国历史上的特殊地位，一则是由于他对自己的主张原则，始终坚定而不移；二则是由于他诗文书画艺术上的卓绝之美。他的人品道德构成了他名气的骨干，他的风格文章之美则构成了他精神之美的骨肉。我不相信我们会从内心爱慕一个品格低劣无耻的作家，他的文字再富有才华，也终归无用。"苏东坡信奉"苟非吾之所有，虽一毫而莫取"的理念。他节制欲望，淡泊名利，不涂改自己。

现实中，人们有各种各样的欲望，也就必然通过各种各样的方式涂改自己。《韩非子》里面说："巧诈不如拙诚。""巧诈"是掩饰的做法，乍看好像是机灵的策略，但是时间一久，引起周围人反抗的可能性就会提高。那么，是不是把自己伪装成"诚实"就行了？利用诚实确实可以骗人，可毕竟不是"拙诚"——不诚心诚意地做人做事，最终还是"巧诈"之类，被人识破。人际关系的基本原则，自古至今没有多大差别。喜欢诈术的人，虽然能一时欺瞒别人，也能获得利益，但久而久之，一定会露马脚现原形。失去别人对你的信赖，最终不但获利不多，反而损失更大。而诚实的人，也许不能一下子抓住人心，但是时间一久，他的诚意就会逐渐渗入人心，赢得大家的信赖，从而获得事业成功。因而，还是相信"路遥知马力，日久见人心"这句话为好。

zhé jié
折节

【释义】降低自己身份,屈己下人;也有改变平时的志趣行为,向好的方面发展的意思。

"失节""变节"都不是什么好词,谁要是摊上了,必成为人格极大的污点。"折节"却是一个好词,不是谁都能轻易得到这个词的褒奖。好人品才配好词,这是中国文化几千年的道德逻辑。做人,节操、气节都是不能随便丢失的。折,变形了,但节还在,"折则折矣,终不曲挠",当如是。

现在有个词叫"放低身段"。"折节"的意思与它近似,指放低自己的身段,屈己下人;或强自克制,改变平素的爱好与习惯。这对于社会地位高的人,或者有权、有势、有财、有名的人,要做到实在不容易。

折节待士,跟比自己地位低的人交往,北周时期的邵广算一个。《周书·邵广传》说:"时晋公护诸子及广弟杞国公亮等,服玩侈靡,逾越制度,广独率由礼则,又折节待士,朝野以是称焉。"北宋李遵勖也算一个,被明代陈继儒写进了《珍珠船》,得到如此称赞:"李遵勖为驸马都尉,折节待士。"

清代理学名臣李光地,算不算一个折节待士的人呢?他的老同学陈梦雷说:"老年兄以桑梓钜望,道貌冲和,折节下交,每以远大相许……"这句话出自陈梦雷的《绝交书》,就颇具讽刺意味了。将"绝交"形诸文字,多半是两人关系特别好,后来因事闹得水火不容,乃至一人向另一人投之以"绝交书",表示仇恨、磊落,且向社会宣告与其永不修好。陈梦雷写给李光地的《绝交书》,从沈阳传入北京,一时士林争诵,"万人叹赏";旋即"上达九阊",甚至连康熙皇帝都要看看这封信的内容。陈梦雷与李光地都是福建人,二人皆为当时名士,同乡加同年的关系,到最后竟然彼此视同寇仇。造成绝交的原因,涉及大义、大节及名利关系。个中三昧,旁人难以体会。陈梦雷谴责"年兄"李光地道貌岸然、卖友求荣,"忌共事之分功,肆下石之灭口";还揭露李光地背誓负约,同时辩白蒙受冤屈,且因蒙冤谪边造成"老母见背,不能奔丧;老父倚闾,不能归养"等,带来种种人生不幸;痛斥李光地"指天誓日,厚貌深文,足以动人听信"的伪善和恩将仇报的卑下人格,感叹"知人实难,择交匪易"。

无论历史上还是现实中，折节待士的必是大智慧者。勾践"折节下士，致胆思尝。卒复雠寇，遂珍大邦"；范蠡三次聚财三次散财，"尽散其财，……复约要父子耕畜，废居，候时转物，逐什一之利。居无何，则致赀累巨万"；李世民在隋朝末期，"每折节下士，推财养客。群盗大侠，莫不愿效死力"；还有王莽，今天站在历史角度、撇开君权观念，来看他获得皇帝大位，所谓"折节散财交士，以立名声"，正是他放低身段，得到普遍人性的认同，从而建立了晋升的基础。

司马迁在《史记·货殖列传》中，写了一个"折节"的典型："富人争奢侈，而任氏折节为俭，力田畜。"这个"任氏"，是古代一位发财后"折节为俭"的人。秦朝败亡时，乘机起事的豪杰都去抢夺金玉珍宝，只有任氏把仓库中的粮食藏在地窖里。项羽、刘邦的军队在荥阳相持对抗，附近的百姓无法耕种，米价飞涨到一万钱一石。那些豪杰为了活命，只得将所得的金玉珍宝用来购买粮食。结果，金玉珠宝归于任氏，他靠此大发其财。一般的富人，有了钱争相过奢侈的生活，而任氏放低身段，放下架子，崇尚节俭，亲自致力于农田和畜牧之事。土地和牲畜，一般人多半抢购价格低廉的，而任氏要求质地优良，看准了，就不惜高价收购。从他开始，他的子孙数代都是大富人家。任氏订下家规：不是自己种田或畜牧所得的东西,不吃不穿;公家的税赋、徭役等事没有办完,不得饮酒吃肉。因而,任氏家族成了乡里的表率,作为富民,得到了皇上格外的器重。

自称"吾上可以陪玉皇大帝,下可以陪卑田院乞儿"的苏轼,也欣赏"折节",尤其欣赏改变骄奢的生活习性,转向读书写作的"折节"。他在《方山子传》中写道:"少时慕朱家、郭解为人,闾里之侠皆宗之。稍壮,折节读书,欲以此驰骋当世……"方山子(陈慥)出身于世代功勋之家,原居洛阳,家里园林宅舍雄伟富丽,在河北还有田地,每年可得上千匹的丝帛收入,这些足以使他生活富裕,安享快乐了。方山子年轻的时候酗酒任性,后来改变志趣,发奋读书,想以此驰名当代,可一直没有交上好运。于是,他抛开荣华富贵,来到穷乡僻壤的大山里生活。一位富家子弟,"折节读书",难能可贵,却于世"不遇",由此朋友苏轼深表同情。

武将读点书,也称为"折节"。这是为什么?主要是他们过于"刚强",弄不好成为莽夫,并且武将还瞧不起文人,所以通过读书平抑一下性格,改善一下对文人的态度。武将读兵书,更有益于了解前人战法。

东汉名将段颎，年轻时便学习驰马射箭，喜游侠，轻财贿，长大以后，改变了年轻时的志向，爱好古学。《后汉书·段颎传》写道："颎少便习弓马，尚游侠，轻财贿，长乃折节好古学。"段颎戍边征战十余年，平定公孙举叛乱，有功劳。他懂兵法，与羌人作战先后达180次，最终平定西羌，并击灭东羌。他与皇甫规、张奂都声名显达，京师称为"凉州三明"。

赵匡胤出身行伍，却酷爱读书。他随后周世宗攻打淮南时，有人告他私载货物达数车之多，一检查，发现是一卷卷、一捆捆书籍。周世宗说："你是武将，应该在坚甲利兵上花心思，带着这么多书干什么？"赵匡胤回答："臣承蒙陛下用为将帅，担心不能很好地完成任务，所以弄来很多书随时观看，就是为了学知识、广见闻、增智虑啊。"赵匡胤当上皇帝后，还是爱读书。有一天，他对近臣说："朕欲武臣尽读书以通治道，何如？"结果，"左右不知所对"。建隆三年（962年），赵匡胤在太庙寝殿夹室里立了一块誓碑，其中有一条誓词："不得杀士大夫及上书言事人。"据《宋史纪事本末》记载，赵匡胤对赵普说："五代方镇残虐，人民深受其害。朕欲选干练的儒臣百余人分治大藩，即使都贪浊，也比不上一个武人。"在宋太祖看来，任用文士可能产生的危害远不及武人来得大，更不会像武人那样危及政权的根本。

"为武员者，皆折节读书，不徒血气之勇。"这句话出自郑观应的《盛世危言·海防下》，可谓振聋发聩。血气之勇是需要的，但完全靠它战胜不了列强。中国海防强大、威猛，是个系统工程，除了铁路、电话、电报、轮船等要赶上、超过对方，更为重要的是，要有开放思想和革新观念，学习世界先进制度及"以商立国"。

fā shēn
发身

【释义】指成名、起家。出自《礼记·大学》:"仁者以财发身,不仁者以身发财。"

所谓"发身",指成名、起家。"以学发身""文艺发身",或者"科第发身",都是儒家提倡的。这种思想,与"重文轻商"属于同一文化谱系,伴生着仇富心理,对"发身财赂"者难以有公正的评价和诚挚的肯定。

一个人能够做到让大家不厌恶他的成功手段本身有一定的难度,而成功后不让别人妒忌、出了麻烦不遭众人推墙,就更是难上加难了。

卫灵公三十一年(前504年),鲁定公攻打郑国,占领匡地,出兵时未向卫灵公借路,回去时鲁国阳虎却要让鲁军在卫都中穿行。卫灵公大怒,派弥子瑕追击鲁军。当时公叔文子已告老退休,惊闻此事,急忙坐车去见灵公,劝灵公不要效法阳虎,让阳虎作恶增多自行灭亡。灵公于是下令部队停止行动。

孔子一直很佩服公叔文子。当公明贾上门拜访时，孔子向公明贾问起公叔文子："听说公叔文子先生平时不说、不笑，也不取钱财，是真的吗？"公明贾愣了一下，摇了摇头，心想谁这样乱说公叔文子？他回答孔子道："你听谁说的？这个人简直没长脑袋，怎么可以这样说公叔文子呢！"孔子不语。公明贾接着说："公叔文子到该说时才说，因此别人不厌恶他的话；到快乐时才笑，因此别人不厌恶他笑；合于礼的要求的财利他才取，因此别人不厌恶他取。"听到这里，孔子不由得"哦"了一声，感叹道："原来这样，难道真是这样吗？"

《中庸》里有句话："素富贵，行乎富贵。"意思是说，富贵的人就得过富贵的生活。这句话，常常被一些不懂儒家思想的人理解为——我有钱，我就开心地花，快乐地享受。例如明末清初文学家李渔如此解释："人处得为之地，不买一二姬妾自娱，是素富贵而行乎贫贱矣。"也就是说，人处在有能力那样做的境地，如果不多找两个小老婆娱乐，那就是富人做了不合身份的事。像李渔这样的人，虽然平时未曾坑害别人，但他若是出了事，一定也会有人高兴而不觉得有所损失。如果李渔经常接济别人，不时拿些钱修桥铺路，给大家带来直接的方便或好处，那么即使一日他犯法被抓，人们也会同情他、惦记着他，深切感到没有李渔，自己的生活受到了影响。

董仲舒在《春秋繁露·度制》中说："使富者足以示贵而不至于骄，贫者足以养生而不至于忧。"富者可"示贵"，贫者可以"养生"，富者"不骄"，贫者"不忧"，各得其分，如此，才能"上下相安"。

在中国历史上穷人都喜欢"均贫富"，为什么会这样呢？因为富者"示贵"多而反馈社会，"取有余而补不足"者少。富者、成功者有权过自己想过的生活，道理上是说得过去的，但要保证自己安分守己、遵纪守法，否则一朝惹了祸，尽管错不完全在自己，也没有多少人为你说情、为你叫屈。

《礼记·大学》说："仁者以财发身，不仁者以身发财。"以财发身，即用自己的财富去做崇高的、有意义的事情，去做有利于国家、社会和民众的事情，做到"博施于民而能济众"，这才有利于自己的发展，不被人们"乐见其败"。大凡有智慧的成功者都如此，以自己的名气、财富，为社会、为他人多行"善举"，以此体现自身的价值，实现个体生命的超越和人格的提升，人们也就"乐见其成"了——希望他的事业越大，成功越多。

厕身
cè shēn

【释义】亦作"侧身",置身的意思。

是不是因觉得"厕身"一词容易让人联想到厕所,现在多用"侧身",或"置身"替代?

"厕所"向来被视作肮脏恶臭之地。史载,公元前581年的一天中午,晋景公姬獳品尝新麦之后觉得腹胀,便去厕所,不慎跌进粪坑而死。汉代,刘邦的宠妃戚夫人遭到吕后的报复,被人砍去手足、挖掉双眼、熏聋耳朵、灌入哑药,然后丢在厕所里成了"人彘"。

从文献中可以得知,"侧身"一词,实际上是早于"厕身"的。《诗经·大雅·云汉序》中有:"遇灾而惧,侧身修行。"《后汉书·马援传》:"往时子阳独欲以王相待,而春卿拒之;今者归老,更欲低头与小儿曹共槽枥而食,并肩侧身于怨家之朝乎?"唐代杜甫有诗:"侧身天地更怀古,回首风尘甘息机。"宋代王安石也有诗:"侧身朝市间,乐少悲惭多!"

不过，用"厕身"表达侧身、置身的意思，倒是更形象了。明代夏完淳《刘文学感遇》诗曰："厕身西掖垣，勖哉慎无过。"清代龙启瑞在《致曾涤笙侍郎书》中写道："某虽不才，盖亦厕身士林，略知大义。""厕身"所描绘的使用情景，其实跟"厕所"差不多。

我想起钱基博先生在《现代中国文学史》中的一句话："一代文宗往往不厕于《文苑》之列。如班固、蔡邕、孔融不入《后汉书·文苑传》，潘岳、陆机、陆云、陈寿、孙楚、干宝、习凿齿、王羲之不入《晋书·文苑传》，王融、谢朓、孔稚圭不入《南齐书·文学传》，谢灵运、颜延之、鲍照、王融、谢朓、江淹、任昉、王僧孺、沈约、徐陵不入《南史·文学传》，元结、韩愈、张籍、李翱、柳宗元、刘禹锡、杜牧不入《旧唐书·文苑传》，欧阳修、曾巩、王安石、苏轼、苏辙、陈亮、叶适不入《宋史·文苑传》，宋濂、刘基、方孝孺、杨士奇、李东阳不入《明史·文苑传》，然则入《文苑传》者，皆不过第二流以下之文学家尔。"

"一代文宗往往不厕于文苑之列"，这句话很值得揣摩，为什么那么多作家进不了官方史书？我曾多年在春运期间坐火车，对"厕身其间"有独到体会。有一次去东莞，火车的厕所里站了几个人，我只能求他们挪开一点缝隙让我钻进去，侧着身子才解决了我的方便问题，于是突然感觉"厕身其间"这个词是在厕所里发明的。

由于有了挤火车的特殊经历，乃至一遇到"厕身"，我就犯望文生义的毛病，连看到"不厕于文苑之列"这句话，也将"厕"字理解为文人挤在厕所里，想方便、要方便而不能方便、难以方便的极端尴尬。

一位青海籍老北漂，向我大谈他的辉煌历史，什么文章获过什么奖，什么书入选过什么工程。多年过去，光环仍萦绕精神上空。可是，他新近出的一部长篇小说，作者简介没写获奖。我就问他怎么不写，他说时间太久了，最近几年没获奖实在遗憾，如果不从体制内出来，仍然做期刊主编，那么成就必定大得多。我笑道："你换了一趟火车，就不在那里'厕身其间'了？"

劬劳
qú láo

【释义】劳苦、苦累的意思,也指父母抚养儿女的劳累。出自《诗经·小雅·蓼莪》:"蓼蓼者莪,匪莪伊蒿。哀哀父母,生我劬劳。"

"劬劳",本义为劳苦、苦累的意思,也特指父母抚养儿女的劳累。最早出自《诗经·小雅·蓼莪》:"蓼蓼者莪,匪莪伊蒿。哀哀父母,生我劬劳。"似是悼念父母的祭歌。莪,香美可食用,并且环根丛生,故又名抱娘蒿,喻人成才且孝顺;蒿,散生,粗恶不可食用,故称牡蒿,比喻不成才且不能尽孝。诗人见蒿,却错当莪,于是心有所动,遂以为比。

父母"劬劳"体现在很多方面,《蓼莪》有云:"父兮生我,母兮鞠我。拊我畜我,长我育我,顾我复我,出入腹我。"生、鞠、拊、畜、长、育、顾、复、腹,这九个动词,我体会最深的是"顾、复"。当年我的父母生了九个孩子,活下来七个,他们付出了非常多的艰辛,可以说一辈子都在为子女操劳,反反复复地照顾,难有片刻的轻松。母亲晚年疾病缠身,常叫苦家境贫困没坐好月子。我虽然同情她,却不能真正理解和体会她的"劬劳"。后来,我和妻子有了自己的孩子,因遇上计划生育时代,只生了一个,并且孩子出生后,由岳父母帮着带,同时妻子坐月子也得到老人照料,所以我没有感受到有多么的苦。现在想来,实际上,妻子是很苦的,至少女儿七岁之前,她一边上班一边哺育孩子,生理受折磨,生活节奏打乱,精力遭透支等,身心都需要承受很大压力。

我女儿怀上孩子时,妊娠反应十分剧烈。一般人难受几个月,她却七八个月都难受,吃什么吐什么,需要专人服侍。她老妈只得停下工作去照顾她。女儿将孩子生下后,才有所轻松。外孙由奶奶、爷爷、外婆帮着带。这时,我才切实感受到哺育一个婴儿,很不简单。外孙小小的,吃喝拉撒睡,一切都要大人哄。他不分白天黑夜,想哭就哭。半夜哭闹,大人得起来喂奶、换尿布,顾之、复之。外孙住在我这里时,我没有哪一天可以睡安稳觉。尽管如此,大人还得保持快乐的心情,不能嫌孩子、骂孩子。

父母的"劬劳",因《蓼莪》的真情描写和细节再现,成为华夏文明极具普遍的情感共鸣,成为天下孝子精神生命之"痛"。

《三国演义》第三十六回写到刘备屯驻新野时,徐庶前往投奔,并向刘备推荐诸葛亮。徐庶识破曹仁"八门金锁阵",使赵云冲突而破。曹仁劫寨,被徐庶设计击败,樊城亦被关公所占,只好回许昌。曹操得知为刘备出谋划策的是徐庶,就想赚取这个人才为己所用。曹操派人将徐庶的母亲接来,关了起来,逼她写信给儿子让他投奔曹操。徐母严词拒绝了。于是,程昱模仿徐母的笔迹,写信去骗徐庶。信的内容是:"近汝弟康丧,举目无亲。正悲凄间,不期曹丞相使人赚至许昌,言汝背反,下我于缧绁,赖程昱等救免。若得汝降,能免我死。如书到日,可念劬劳之恩,星夜前来,以全孝道;然后徐图归耕故园,免遭大祸。吾今命若悬丝,专望救援!更不多嘱。"徐庶接到信,看完泪如泉涌,不得已辞别刘备,进入曹营。笔杆子程昱将"劬劳"与"孝道"的关系,拿捏得当,足以让孝子放下一切功名利禄,赴向母亲的怀抱。

《晋书·孝友传》载,王裒痛恨父亲被杀,从不朝西面坐卧,以显示自己决不做朝廷臣子的决心。他隐居起来,收了几个弟子,以教书为业。朝廷多次征召他去做官,他都拒绝了。他读《诗经》,读到"哀哀父母,生我劬劳"时，总是忍不住痛哭流涕。他的学生怕触及老师的思亲之情，干脆就不读《蓼莪》一诗。

唐代牟融有诗《赠欧阳詹》："服勤因念劬劳重，思养徒怀感慨深。"牟融另有诗："劬劳常想三春恨，思养其如寸草何。"有学者考证唐代没有牟融这个人，是明代之后被伪造的唐代诗人。这就奇怪了，连诗人都伪造？不过，收录在《全唐诗》中的这几句诗，我还是喜欢。欧阳詹确有其人，并且是个知"劬劳"而图报的孝子。据载，闽南考中进士，从欧阳詹开始。明代理学名臣、乡贤蔡清为《欧阳行周文集》作序时认为，欧阳詹中进士后，福建文士才开始向慕读书，儒学风气开始振兴。欧阳詹高中后并没有得到官职，就回家乡省亲。他回到高盖山，日夜思念的母亲黄昌靖已经长眠地下，再也听不到母亲的叮咛，再也看不到母亲伴儿子读书的身影。相隔层土，却比重山远。欧阳詹在一首纪念其母亲黄昌靖的诗中写道："高盖山前日影微，黄昏宿鸟傍林飞。坟前滴酒空垂泪，不见丁宁道早归。"

劬劳，从"指父母抚养儿女的劳苦"，引申到指其他人的"劳累"，这是对父母特有恩德的一种剥夺，太不应该了。又如《后汉书·胡广传》："臣等窃以为广在尚书，劬劳日久。"如《随右骁卫将军上官玫碑铭（并序）》："公劬劳草昧，竭尽心力，依日月之末光，眷攀附而长想。"即使确实是个勤政的官员，也不要用"劬劳"评价他的辛苦，其自身更不可把天下可怜父母的"劬劳"挪来自用。

"凯风自南，吹彼棘心。棘心夭夭，母氏劬劳。"这是《诗经·邶风·凯风》上的四句诗。我似乎看到了一个孝子的吟唱：飘飘和风自南来，吹拂酸枣小树心。树心还细太娇嫩，母亲实在很辛勤……

暌 阕
kuí què

【释义】分离隔断。

"暌阕"这个词充满了别离的意味,两个字分开来说,"暌"的意思是"不顺,乖离",而"阕"的意思是"停止,终了"。对我来说,"暌阕"又有着别样的意味,因为它承载着我一家人血浓于水的亲情。

从堂兄承福口中得知,台北的二伯可能去世了,他打了多次电话都联系不上,后来电话有人接了,却是新的房主,对方回答什么情况都不清楚。我心中戚戚,怨怪二妈,还有那个从未见过的堂姐,怎么不通知一下大陆的亲人呢?我们毕竟是他的侄子啊。

就在堂兄告诉大家这一消息时,我想起不久前曾梦到自己去了台北的二伯家(我一直没去过台湾)。我和二伯贴得很近,却看不清他的脸。家里有个儿童,二伯夸他聪明。我和大哥一道,离开时二伯还出门送行,在门外遇到他女儿。我用手机拍了几张屋外的环境,却模糊不清。

我父亲和我大伯晚年的主要精神寄托就是台北有个亲兄弟,他们一直盼望能够团聚。这一点精神寄托使平淡的日子里有了一抹亮色,他们与人聊天总会情不自禁地谈起台北的兄弟,当别人问起二伯的情况,更是兴奋地说个不休。

从1988年到1996年,兄弟仨团聚了三次,每一次带来的都是无尽的欢乐与慰藉。第一次相聚香港。对于一向低头做人、地位低下、生活贫困的我父亲来说,不花一分钱去国际大都市旅游探亲,幸福达到了极致。作为退休教师的大伯自然也激动,感受到了从未有过的喜悦和快乐。因香港之行,大伯终止了对我父亲的疏远,兄弟俩沉浸在无限的憧憬之中。他们乘江轮到上海,然后坐海轮直赴香港。

兄弟仨相处时的情景,我只能通过倾听父亲数年来的反复叙述来了解,以及端详一张张照片进行想象。四十年睽阕分散海峡两岸,因一日相见于异乡,自然是悲从中来,抱在一起哭。

"季子平安否?便归来,平生万事,那堪回首?行路悠悠谁慰藉?母老家贫子幼。记不起、从前杯酒。魑魅搏人应见惯，总输他覆雨翻云手。冰与雪，周旋久。泪痕莫滴牛衣透。数天涯、依然骨肉，几家能够？……"这是清代顾贞观的词《金缕曲》。二伯得知其父母均已过世，更是念起慈母贤父的抚养之恩，往事点点滴滴涌上心头，不由得泪水滂沱。

二伯曾在一次回乡探亲时，跟我谈起何氏起源。他推崇南朝梁齐"何氏三高公"——何求、何点、何胤的高风亮节，三兄弟有感于世变，"不求功名，不入城府，不贪富贵"，隐居皖山（天柱山），读书、讲学、著述，成为中国玄学的代表性人物。据《梁书·何胤传》记载："仆推迁簿官，自东徂西，悟言素对，用成睽阕，倾首东顾，曷日无怀。"这段话是梁武帝萧衍说的，他亲自写信给何胤，希望得到彼此有共同语言、心有灵犀的人一起干一番大事，可是，"分离隔断，不能相见，仰首东望，哪天不在想念你？"萧衍如此动之以情，却没能说服何胤出山。

作为晚辈，加上地域所隔，我对二伯了解很少。我知道我父亲还有一个二哥，是在1979年国务院发表《告台湾同胞书》后的某一天，我家收到了一封发自香港的书信，父亲和大伯又惊又喜又怕，"他还活着……"信封上父亲和大伯被称为"先生"，这在"同志"一统天下的年代，人们感到非常地稀奇。我大伯是教书的，称为先生则罢，而我父亲下放后成为农民，一身打着补丁的粗布衣，老实巴交的样子，被称为"先生"，这让街坊邻居见面就笑他。最初几年，二伯说他生活在香港，后又说生活在新加坡，再后来才说旅居台北。

当年，我每次回老家，父亲和大伯都会将二伯的书信递给我看，我欣赏二伯隽秀的繁体字，还有文白相杂的行文风格。我读到了"睽阕"一词，感受着上辈人骨肉兄弟"分离隔断"的乡愁和思念。二伯每隔几年就回大陆探亲一次，1996年之后，因年纪大了，就再没回来过了。二伯信上告诉大伯和我父亲，两岸实现"三通"后，坐飞机直接到台北而不用绕道香港，见面就方便了。可是，我父亲和大伯去世前，都没有实现去台北看一看的愿望。两岸"三通"首航直飞直到2008年岁末才实现，可当时父辈三兄弟，只剩下了二伯一个人。

我一回忆起父辈，就被他们岁月中的"睽阕"引到台湾海峡上空，俯瞰两岸，思绪万千。人类自身制造了太多的痛苦，尤其战争让多少孤魂无法返乡。我曾写小说《忽明忽暗》，两岸的烛光，能经受台风而不熄灭吗？亲情之间的精神之光，是不会熄灭的。最怕的是"睽阕"久了，残年彼此见不得了；还有一种幻灭感，也是对故乡烛光的吞噬，空间的"睽阕"，带来的是地缘文化的陌生。正如杜甫的诗中写道："人生不相见，动如参与商。今夕复何夕，共此灯烛光。少壮能几时，鬓发各已苍。访旧半为鬼，惊呼热中肠。"

补苴
bǔ jū

【释义】补缀,缝补,后引申为弥补缺陷。

很多词,我以为是孝子发明的,或者孝子将一个普通的词引申到"国家"层面,包含着一片孝心。想象中,一个孝子看见母亲坐在那里做针线活,缝缝补补;过了几个时辰,他又看到母亲正在为一家老小烹调食物,日常的场景,却让他不由得说出两个词:补苴,调朘。

如果他只是用感叹的语气说"补苴"和"调朘",那么他还算不上一个有高度的孝子。他的心灵被母亲的辛劳和热情触动,情感升华,人生格局扩大。补苴不只是缝补衣服;调朘,也不只是烹调食物。于是,他说:"博闻该见有志之士,补苴调朘,冀以就完而力不足,又无可为之地,故终不得。"(王安石《涟水军淳化院经藏记》)

这个孝子,我认为是王安石,但还有其他孝子,那些一样有志于革除弊政、治理政事的人。王安石出外工作，家仍留在白纻。母亲与自己的所在之处，一个在南，一个在北。母亲留守在家，自己漂泊在外，每逢月明之夜，闻见杜鹃空旷而寂寥的哀鸣时，母子两人都倍加思念亲人，南北相隔，深深牵挂。王安石写了一首诗《将母》："将母邗沟上，留家白纻阴。月明闻杜宇，南北总关心。"

曾经由母亲抚养侍候，后来自己终于有出息了，可以为国家进行"补苴调胹"了。王安石在宋神宗的支持下，以"富国强兵"为宗旨，大规模推行改革变法运动。先后推出均输法、青苗法、农田水利法、免役法、市易法和方田均税法等重大改革举措，涉及政治、经济、军事、社会等诸多领域，影响之大、之广前所未有。

像王安石这样的孝子，还有清代的陈学泗，他在《纪事》诗中写道："巨浸东南力未苏，万家饥鹄不胜呼。中丞欲请敖仓粟，司谏先陈郑侠图。漫议补苴停转运，最怜剜肉赐全租。春来县吏敲门早，试问三农一饱无？"关注民间疾苦，民胞物与，这是大孝、大爱。

孝子们感受到父母的辛苦，将那些劳动的词，发扬光大，变成政治用词、文化用词，其本身就颇具意味。

宋代诗人林同写《贤者之孝二百四十首》，用表彰和颂扬的主题、精练的语言，写了一个个自上古到隋唐历代倡导和实践孝行孝德的人物，对中国传统孝文化的传承和体现，做出了不少贡献。其诗别具形式，成为人们理解和认识中国传统孝文化的一种方式。他写韩愈："未有逢之孝，而公不用情。大书甄济传，更作董生行。"韩愈"三岁而孤"，由长兄韩会抚养。后来韩会又死了，韩愈遂由寡嫂抚养成人，早年的生活状况颇为艰苦，他在《祭十二郎文》中写道："就食江南，零丁孤苦。"后来，韩愈十九岁去京师应举求官的十年间也是"饥不得食，寒不得衣"。

从小没娘的韩愈，他在《进学解》中说："抵排异端，攘斥佛老；补苴罅漏，张皇幽眇；寻坠绪之茫茫，独旁搜而远绍；障百川而东之，回狂澜于既倒。"尽管"抵排异端，攘斥佛老"有文化专制之倾向，被人所诟病，而对于"补苴罅漏，张皇幽眇"，大概人们不会有什么异议吧？弥补事物的缺陷及文章的缺漏，阐发、张扬思想或著述中的深妙精微，是学者应该有的一种治学态度。

我有一套蔡东藩的《中国历朝通俗演义》（11册），是发小郑平于1998年赠送的，读了几年才读完。

据说，蔡东藩先生花十年心血搜集考证史料，共记述了两千多年的历史，其内容跨越时间之长、人物之众、篇制之巨，堪称历史演义之最，被人誉为"一代史家，千秋神笔"。蔡东藩先生自称有些地方"是足以补中西史乘之缺，不得以小说目之"。我在阅读这套演义时，常感叹，创作如此皇皇巨著非常艰辛，初稿、修改、定稿、誊抄，要付出多少精力啊！

原来，蔡东藩先生有着"补苴罅漏"之勤、"补苴调胹"之功。他自幼家境穷困，父亲是一家丝行的店员，工资微薄。父母由于长期生活贫苦，又遭长、次两子早逝的打击，忧郁成疾。后来，蔡东藩中了秀才，父母却积疾难医，不久相继去世。蔡东藩只好向二姐夫家借债办理丧葬。《浮生若梦：蔡东藩传》写到，蔡东藩最初倾向于"清官救国"，后来建立了"教育救国"理想，接着受严复、梁启超等"小说救国""演义救国"理论影响，有感于"帝王专制之魔力"而埋首历史演义的写作，最后沉寂于民间，终老于乡野。《民国通俗演义》中有一句话，"补苴罅漏，经纬万端。来日之难，倍于往昔"，读了让人兴奋在先，沉重在后。

自己的文章，总觉得不需要修改。写的时候，一气呵成，即使几十万字的长篇小说，累且快乐着。修改，字斟句酌，是很费脑筋的。删减更如割肉般地疼。稿子交给编辑，如果其要求修改润色，立即感到不舒服，不知道怎么动手。古人说"文不惮改"，而能做到不怕修改，非有"补苴"精神不可。

民 瘼
mín mò

【释义】指民众的疾苦。语出《诗经·大雅·皇矣》:"监观四方,求民之莫(瘼)。"

正月回老家怀宁洪镇,想起已故前辈何雯先生。何雯先生与我同族同宗,他是民国初年众议院议员,参与起草具有现代法治精神的国家成文法典《大总统选举法》。

何雯先生有一首长诗《洪镇客馆》,主要内容是关心民瘼。他写道:"频年傲扰烟尘生,谁恤穷簷计事蓄。居无完宇体无衣,逃死幸免填沟渎。小民日日忧米盐,将军夜夜动丝竹。巧妇无米善乞邻,司农乏术终仰屋。起看群盗如牛毛,又闻官兵满坑谷。儿啼母怀止勿声,白昼捉人莫汝赎。"

民瘼,指民众的疾苦,出自《诗经·大雅·皇矣》:"监观四方,求民之莫(瘼)。"从政为官,必须关心民瘼,因为这是责任和义务。老百姓被呼为"父

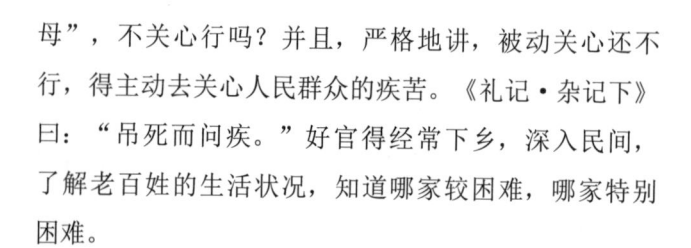

母",不关心行吗?并且,严格地讲,被动关心还不行,得主动去关心人民群众的疾苦。《礼记·杂记下》曰:"吊死而问疾。"好官得经常下乡,深入民间,了解老百姓的生活状况,知道哪家较困难,哪家特别困难。

封建社会,当官的除了世袭的、荫封的,大多都是读书人出身。左手执权杖,右手握笔杆,一种身份,两种角色,相互影响。儒家素有关注天下民生的情怀和使命。孔子说:"养民也惠。""百姓足,君孰与不足?百姓不足,君孰与足?""因民之所利而利之。"孔子认为,君主治理国家首先应该富民、惠民。孟子的"民本思想",更是对封建统治产生了深远的影响。孟子曰:"诸侯之宝三:土地、人民、政事。"他已经认识到,在国家的实际治理中,百姓是尤为重要的力量。"民为贵,社稷次之,君为轻。"民是社会和国家的根基,万万不可动摇;对统治者而言,取得民众的拥护和支持才是最为重要的事情。

近读北宋"灾异奏议",发现田锡、赵普、范仲淹、包拯、范纯仁、富弼、王襄、韩琦、吕公著、孙觉、李纲等,都非常关心民瘼,如实反映"忧民之思"与"怜灾之苦"。

欧阳修在《上仁宗论水灾》中写道："王城京邑，浩如陂湖，冲溺奔逃，号呼昼夜，人畜死者不知其数。其幸免者，屋宇摧塌，无以容身，缚栈露居，上雨下水，累累老幼，狼藉于天街之中。又闻城外坟冢，亦被浸注，棺椁浮出，骸骨漂流。"此奏文写出了水灾给百姓带来的惨痛，流露出作者对百姓灾难的怜悯和同情，写得情理交融。

北宋明道二年（1033年）七月，天下大旱，蝗灾蔓延，江淮和京东一带灾情尤其严重。为了安定民心，范仲淹奏请朝廷派人视察灾情，仁宗不予理会。范仲淹便质问仁宗："如果宫中停食半日，陛下该当如何？"仁宗幡然醒悟，派范仲淹安抚灾民。范仲淹应诏赈灾，开仓济民，并将灾民充饥的野草带回朝廷，以警示六宫贵戚戒除骄奢之风。

李纲在《上徽宗论水灾》中说："今兹积水之来，冲白沙，荡中牟，迫都城，散漫畿甸之邑，淹浸屋庐，漂溺民畜，损伤苗稼，不可以数计。……陛下恻怛忧劳，降诏拯济，德意甚厚。臣犹切虑州县监司未能悉意奉行也。愿诏诸路，应被灾伤地分，今年秋租，并与蠲免。水过之后，安集民居，借贷赈济，务令复业，无使失所，以副陛下之意。此则恤民隐之策也。"奏议中

"恤民隐"三字,是足够分量的词语。李纲不仅跟皇上谈民瘼,还跟朋友谈民瘼。他在《与秦相公书》中说:"入境之初,询问民瘼。耆老皆云,累年以来,既盗贼之所蹂践,又科需之所搔扰。"

《宋史》称魏了翁"戢吏奸,询民瘼","举刺不避权右,风采肃然",这是很高的评价。魏了翁是南宋理学家、政治家,他力主革新,提出了一系列均贫富、等劳逸、致民裕、量才授职、限制封建特权等社会改良措施,并在其所任职地方兴利举才,轻徭薄赋,颇得政声。魏了翁诗文造诣很深,他有诗言志:"忧民白发三千丈,报国丹心十二时。"其平生推崇朱熹理学,提出"心者人之太极,而人心已又为天地之太极",强调心的作用,形成一个学派。

明代文学家、戏曲家屠隆,不仅才华横溢,而且特别关心民生疾苦。在青浦任职期间,他上书反映当地穷苦人的生活状况。屠隆离开青浦后,迁礼部主事,不久得罪了刑部主事俞显卿,被对方攻讦为与西宁侯宋世恩淫纵,而被削职回乡。风流才子陷入贫困,为生计唯有卖文:"丛菊堪垂泪,江流不住声。病惟诗得意,贫觉酒多情。"屠隆在乡下,仍关心民瘼,写出了《荒政考》《三吴水利总论》等有利于国计民生的重要著作,提出了三十条救荒之要策、成效之良方,希望"当事者采而行之"。

汤显祖是屠隆的朋友,他曾写诗给屠隆:"君门如水亦如市,直为风烟能满纸。"屠隆说:"长安人事如置奕然,风云变幻,自起自灭,是非人我,山高矣。"这两个惺惺相惜的大才子,都为官清廉,颇有政绩。万历十九年(1591年),汤显祖写了一篇《论辅臣科臣疏》,揭露朝中大臣贪赃枉法的罪行。不知哪些话不中听,惹怒了皇上,被贬为徐闻典史。后调任浙江遂昌县知县,一任五年。他兴农兴学兴文,使百姓安居乐业。他还在百姓中传习昆曲,亲身执教。却因压制豪强、触怒权贵而招致上司的非议和地方势力的反对。他觉得很没意思,于是毅然决然脱离官场,主动挂冠回乡。

明朝大儒方孝孺,一日读完南宋学者史绳祖的著作《学斋占毕》,不由得写道:"此非躬历其事,而深究民瘼者,不能述斯言也。"(《书学斋占毕后》)当官的关心民瘼,体现在送温暖、解决民生问题上。文人"深究民瘼",也是承担社会责任。所谓"文章经国之大业",就包括书写老百姓的生活,忠实反映民瘼。

历史上,很多文人能够心系百姓,看见农民的悲惨遭遇,为其鸣不平,为其吐心声。杜甫生活在唐朝由盛转衰的历史时期，其诗多反映社会动荡、政治黑暗、人民疾苦的真实状况，表达了崇高的儒家仁爱精神和强烈的忧患意识，因而其被誉为"诗圣"。"穷年忧黎元，叹息肠内热"，这是杜甫的一贯精神。他表彰元结说："道州忧黎庶，词气浩纵横。"他对严武说："公若登台辅，临危莫爱身。"他也对裴虬说："致君尧舜付公等，早据要路思捐躯。"

中国有"诗教"的传统，历代都有关注民生的诗人，留下具有深刻意义的民生诗歌。关心民瘼的作品，也许不会直接改变弱势群体的命运，但它对一些良心尚存的官员会起到鞭策、唤醒的作用。作品的传播、流传，会引起统治阶层与既得利益集团中那些相信"水能载舟，亦能覆舟"的有识之士的重视，激发更多文人关注民生问题，写出优秀作品，发出自己的声音。

铨镜 quán jìng

【释义】评选鉴别。

"铨镜",意思是评选鉴别。曾经,某国学论坛发起一个讨论——《杜诗镜铨》的"镜铨"这个词应该怎么解释?《杜诗镜铨》是清代学者杨伦对杜甫诗文的诠注。杨伦在自序中说:"今也年经月纬,句栉字比,以求合乎作者之意,殆尚所云'镜象未离铨'者。"

"镜象未离铨",出自杜甫排律《秋日夔府咏怀奉寄郑监李宾客一百韵》的尾联,即"金篦空刮眼,镜象未离铨"。杨伦注此句时,引《圆觉经》:"诸如来心,于中显现,如镜中象。"他进而诠释道:"言金篦虽可刮去眼膜,而执镜象以为实有,则犹未离铨量之间也。"

古籍中出现"铨镜"一词的,有南朝梁代王筠《为第六叔让重除吏部尚书表》的"然后可以铨镜流品,平均衡石";《北史·郭祚传》的"是时孝文锐意典礼,兼铨镜九流";唐代元稹《授韩皋吏部尚书赵宗儒太常卿制》的"夫铨镜万品,不无倦勤";如此等等。

"铨镜万品""铨镜流品""铨镜九流",文学作品是有等级的。虽然"文无定法",即写法不同,但必定手法有高低,有的"文质彬彬",有的"有文无质",有的"有质无文"。

有一种高傲的文人,他以为自己的文章写得最好,把别人贬得狗屎不如。他以自己的评判标准、审美倾向取舍文章,符合他的就是好作品,不符合他的就不是,这就很悲哀了。我想提醒那些自视清高的文豪,睁开眼睛看看大自然的丰富多彩。但是,用"百花齐放"宽慰自己和朋友,而放弃评价标准,也不对。有些文章写得拙劣、语句不通、逻辑混乱、立意老套,称不上花,而是杂草。

我曾经将"五四"之后的现代作家的散文集搜罗来大饱眼福,发现除了鲁迅这朵刺人的玫瑰,还有林语堂、梁实秋、废名、徐志摩、许地山、孙犁、钱锺书、张爱玲、萧红等各类迷人的花儿招展。他们在自己的文字土壤中培植出花朵,在文坛上耕耘出自己的位置,争奇斗艳,令人叹为观止。一朵朵花,以自己的品貌风格,被广泛接受,被众人欣赏。

一次参加笔会，我听到一个作者被人批评其作品写的是"小我之境"。我的看法不同，认为"非小我之境，而是自我之境"。写自己的思想、情绪，被看作"小我"，这是所谓"大我"的强势思维，是对文学个性及人性的剥夺。美学家朱光潜先生喜欢人生的趣味，在抗战时期仍保留着对大自然诗意的挚爱。学生到他家中，想要打扫庭院里的层层落叶，他拦住了，说："我好不容易才积到这么厚，可以听到雨声。"尽管朱光潜几年前受到过鲁迅的批评，但他的审美倾向并没有改变。

1935年12月《中学生》第60期上，朱光潜以"说'曲终人不见　江上数峰青'"为题，提出了艺术的最高境界，认为"艺术的最高境界都不在热烈。就诗人之所以为人而论，他所感到的欢喜和愁苦也许比常人所感到的更加热烈。就诗人之所以为诗人而论，热烈的欢喜或热烈的愁苦经过诗表现出来以后，都好比黄酒经过长久年代的储藏，失去它的辣性，只剩一味淳朴"。鲁迅看到这篇文章，很气愤，著文《"题未定"草（六至九）》，给予猛烈批判。

喜欢"厚积落叶听雨声"的朱光潜，遭到鲁迅的批评，是那个时代"语境"之中"自我之境"冒犯"无我之境"招致的必然结果，鲁迅没有批评，也会有别人批评。

沈从文的中篇小说《边城》，主题是讴歌人性，在人物身上体现了一种"优美，健康，自然，而又不悖乎人性的人生形式"。郭沫若在香港刊物上发表《斥反动文艺》，措辞严厉，指责沈从文是个专写颓废色情的"桃红色作家"，还将沈从文定性为"存心不良，意在蛊惑读者，软化人们的斗争情绪"的反动文人，并说他"有意识地作为反动派而活动着"。

人为自己造境，生活在自我之镜中，这是精神的需要，也是生存的需要。区别于"小我之境"的"自我之境"，就是让生活不为物质所束缚，生存本身需要通过一种唯美的东西来体现。虽然每天工作的忙碌好像是为了物质，而精神寄托占据生活重要位置。一天哪怕一个小时的爱好，也强过八个小时的工作带来的精神能量。

一个人生格局大的诗人、作家，一定会有"自我之境"，在其中提升素养、安置灵魂、洗涤心灵，至少能在压力中放松一下身心，在寂寞中转移一下情绪，在空虚中充实一点内容，在失望中减轻一点悲观。一个"小人物"，在现实中碰壁了，遇祸了，如果有"自我之境"，就不至于绝望得不想活。要是连躲避、隐居到自己的心灵世界都不行，那必是精神和肉体一同死了，甚至精神比肉体死得还早。

将"自我之境"公之于众，受到赞赏的同时，也会有批判之声，这就是"铨镜"的意义。有大格局的文人，必然是不在乎被评选鉴别的，任尔东西南北风。

佶屈
jí qū

【释义】 曲折，形容文字艰涩难懂。

以前，有人说我文章流畅，我很高兴。有位老先生当着我的面批评一个我熟悉的作者："他的文字佶屈聱牙，我读不下去。"我却反对道："文章行如流水，很美。"后来，随着我阅读量的累积，我发现文章有如平缓的流水并不好看，或湍流击礁，巨浪过滩，或洄流漩涡，裹沙浮沫，深蕴意味，才是真正的好文章。后来，我逐渐喜欢看一些深奥的艰涩难懂的文字，不排斥佶屈之文。

萧乾先生在《创作界瞻顾》一文中责备一般作家"太避难求易"，唯其"躲避那勇敢的写实的叙述，而采用省事的方便的写法"。无疑，萧乾爱"深奥""难懂"的文字。1940年，他读《尤利西斯》，在扉页上写下两个字："天书"。54年后，萧乾说："可以看出当时我对乔伊斯是多么顶礼膜拜！从'天书'二字也可知对我来说，它有多么深奥。"萧乾老了仍有一副过人的咀嚼文字的牙口，否则无法将世界最难懂的意识流小说《尤利西斯》翻译成中文。译完之后，他说："这是有文学以来作家第一次向人的内心世界挖掘，并真实地表现出潜意识中的矛盾与混乱、沮丧与憧憬。不能人人都去攀登珠穆朗玛峰，然而对于在艺术创作上敢于并能够攀登者，就无法不怀有崇敬之情。"

在文学探索上，中国作家没有西方作家走得远。至少西方有一批如迷宫般的经典作品呈现在文学史上。中西方人阅读习惯与审美趣味不同是一方面，而更重要的，是因为中国的作家在探索精神及对探索的宽容上，比西方作家缺乏。尼采认为，"一切深处应当上升——到我的高处"，他指出，"应当把作家看作罪犯，只有在极罕见的场合才有言论自由或得到赦免：这是对付书籍泛滥的一种办法"。中国作家首先考虑的是读者会不会懂，图书出版会不会赚钱，若像约翰·多恩、劳伦斯·斯特恩、卡夫夫、乔伊斯等西方作家，"处心积虑要为读者设置难以逾越的障碍"，他们的书不仅没有市场，还会受到指责和谩骂。然而，只有真正的经典，才能经得起时间的检验。

现代文学评论家李健吾在《咀华集》中流露出倾向

欣赏深奥的作品，觉得其耐咀嚼，且能咀嚼出精华。他读书多，遇到值得细细咀嚼的作品，当然是一种享受。即使读起来吃力，也是一种快乐。他提出，"一部杰作必须有以立异"。他希望作家写出与众不同的作品，"孤寂注定是文学制作的命运"，"伟大的作品产生于灵魂的平静，不是产生于一时的激昂。后者是一种戟刺，不是一种持久的力量"！对读者来说，他认为只有深入作品才能体会无穷趣味，他说："冷静下头脑去理解，潜下心去体味，然后，实际得到裨益的是我，而受到损失的，已然就是被我咀嚼的作品——那朵每早饮露餐阳的鲜花。"

文学大家及批评家，眼光有深有浅，引导的作用非可小视。此一时，彼一时，时代背景和环境在变，难与易的尺度也在变。刚提倡白话文的时候，散文和诗歌写得很浅白，不仅不应该否定，还应该表扬赞赏。郭沫若在《王阳明礼赞》中写道："佶屈聱牙的古书在青年实在不易理解，只徒糜费时日。"可他自己却喜爱钻研古文字学，著有《甲骨文字研究》《卜辞通纂》《古代文字之辩证的发展》等。

鲁迅先生说："散文的体裁，其实是大可以随便的，有破绽也不妨。"他对"左联"的年轻作者更是褒奖有加："一条小溪，明澈见底，即使浅吧，但是却浅得澄清，倘是烂泥塘，谁知道它到底是深是浅呢？也许还是浅点好。"鲁迅的行文风格"文白夹杂"。有人认为，鲁迅是故意制造一些拗口的表达，使语言极富创造力、战斗力，毕竟鲁迅古文功底深厚，文章时有一些佶屈聱牙，实属正常。蔡元培先生为《鲁迅全集》作序，指出"鲁迅先生受清代学者的濡染"，于"旧学"之根柢亦极深固。

白话诗文写到今天，数量无法统计，窃以为，就不能总是老套路、老腔调、老手法、老意思地表达了。小说也是一样，光有好看的故事不等于文学品位高，小说艺术价值取决于语言和结构的文学性，于是叙事成了挑战。我已自由读书达三十余年，现在常常感到无书可读。我知道，自己是越来越趋向寻找"难懂"的书阅读了。有困难的阅读，过程非常美妙，即使咀嚼起来吃力，弄疼了牙齿，也乐此不疲。

操觚 cāo gū

【释义】执木简作文之意,觚是木简,古人在木简上写文章。

在用电脑写作之前,我写东西打草稿用圆珠笔,因为不用汲墨水,誊抄才用钢笔,因为可以展示书法之美。用圆珠笔和钢笔的年代,我曾感叹毛笔渐渐从大众日常书写工具退到少数人特殊用途的位置。当时哪会想到,圆珠笔和钢笔此后会是同样的命运,甚至比毛笔消失得更快?

笔出现之前,古代书写用的木简,称为"觚"。操觚,原指执简写字,后来泛指写文章。虽然"觚"在人们的视野中消失了,而"操觚"一词坚韧地立身文牍之中。西晋陆机的《文赋》:"或操觚以率尔,或含毫而邈然。"宋代洪迈《〈唐黄御史公集〉序》:"士以操觚显者,无虑数百家。大都始沿江左颓习。"宋高宗赵构《翰墨志》云:"余四十年间,每作字,因欲鼓动士类,为一代操觚之盛。"宋代陈鹄《耆旧续闻》卷三:

"林公每出首唱，徐密写韵归，众方操觚，内子诗已来，必可观也。"明代宋濂《王冕传》："操觚赋诗，千百言不休。"清代李渔《闲情偶记》："不佞半世操觚，不攘他人一字。"这些文章有的是批评别人，有的是表扬别人，有的是自夸自诩，但其中的"操觚"，都代表写文章。

民国时期，鲁迅先生还在用"操觚"一词。他在《文化偏至论》中说："此非操觚之士，独凭神思构架而然也。"鲁迅没有将"操觚"换为"操笔"，尽管他用毛笔写作。

早在南北朝时期的颜之推就抛弃了"觚"，而使用"操笔"一词。当时，有个人喜欢写诗，一开始写得很开心，因为没想拿去发表，后来他越写越自鸣得意，于是拿了大作给一些有成就有名望的诗人看。这些人读了他的诗，感觉很差，但考虑他的面子，都说写得还不错。他信以为真，就杀鸡宰羊招待他们。可他的诗怎么也传不远，他决定再宴请夸奖过他的那些人吃饭，求他们帮忙宣传推介。这时，他妻子哭着求他不要再破费钱财为难自己了。对此，他叹息满腹才华不被天下人包括妻子所知，痛苦不已……对此，颜之推教育儿子说："必乏天才，勿强操笔。"意思是说，一个人如果确实缺乏写作天分，就不要勉强自己握笔杆子了。

随着纸和笔的发明，越来越多的人有条件"操笔"，写作方便了，必然有假文人靠此沽名钓誉，混饭吃；或写了几首打油诗就以诗人自居，搞得文坛好不清纯。不如"操觚"时代，虽写的人少，但留下经典的概率高。鲁迅沿用生僻词"操觚"与颜之推使用易被人理解的新词"操笔"，均有个中三昧吧。

我有时这样思索：用什么标准衡量一个人有无写作天分呢？写文章传阅，求得评价，有誉有毁，有褒有贬，天分几何？现在的作者以文章发表多少、发表的报刊等级高低，或者获奖有无等，作为成功与否的判定，成功则有文学天分，反之则没有。阿来的《尘埃落定》找了13家出版社才出版，如果他跑了几家就气馁了，书不能出版，会获第五届茅盾文学奖吗？地下有水，掘到什么深度才汲于泉，没有定数。

贾平凹先生相信定数，他说："我总觉得人的一生挣多少钱，当什么官，那是有定数的，写文章也是如此……生命的事情有定数，比如你活多少岁，上帝知道，造你的时候就知道了，知道你的一切一切。一生写多少字那也是有定数的……"贾平凹不想用电脑写作，害怕速度快了，提前到写不出东西的那个定数。

尼采曾激愤地提出"治理作家的苛法"："应当把作家看作罪犯，只有在极罕见的场合才有言论自由或得到赦免：这是对付书籍泛滥的一种办法。"

美国诗人弗罗斯特为了寻找自然的声音，体验人生的况味，揣摩别种情怀，感受一番在异域的审美情趣，竟然放弃优裕的物质生活，找到一个适宜于他思考的环境住下来——木板茅屋，平静而富于激情地写着他的心灵的诗。弗罗斯特不是唯一的。我们不一定非像弗罗斯特一样"行动起来"，但我们可以在心里保留一块净土。我在读弗罗斯特《孩子的意愿》时，又想到了那位让许多读者沉醉的《瓦尔登湖》作者梭罗；那位蛰居柏林郊外以荒诞离奇的小说《变形记》名世的卡夫卡；那位被政敌逼到圣皮埃尔岛却爱上了小岛，并写出《漫步遐想录》的卢梭……那是个充满歧视、险恶、金钱与物欲的时代，那样的时代照样造就出文学大师、思想大师。

颜之推在《颜氏家训》中写到，写文章"陶冶性灵，从容讽谏，入其滋味，亦乐事也"。既然写文章能得到快乐，岂不是个人的事？明朝性灵派作者标榜自娱自乐，视写作为表达、抒发思想感情的一种方式——现在所谓个人化写作是不是延于此脉呢？写博客、写微信公众号也是个人的事，可刻意追求点击率，提高所谓的人气，又弄得很累、很虚妄。

《唐才子传》说："勃欣然对客操觚，顷刻而就，文不加点，满座大惊。"哪个写作者不想自己有王勃之才，写出《滕王阁序》那样的传世名篇？没有天分，写文章自我欣赏则罢。可有人既相信写作需要天分，却又耐不住寂寞，不甘自娱，而想与人同娱，继而还要捞取"文名"，希望天下人都知道他是诗人作家。殊不知这样一来，他的拙劣之作难以求得别人的赞赏，知音杳杳，怀才不遇，以文邀名求利，结果妖兴鬼随，弄得寝食不安，爱文章反被文章所害，"陶冶性灵"变为"伐性克命"，何苦来哉！

每个人都有写作的权利，写作是一种真情感、真情绪、真思想的表达与倾诉、宣泄与流露，自己写给自己看，像记日记，话说不通都不要紧。如果希望别人也来欣赏或者感受你的情感、情绪乃至思想，日记就变成了文章，于是面临着语言交流的问题，即你的文字必须流畅，叙述角度必须新鲜，收放节奏必须符合文理气氛，以及着墨与留白，都要认真地把握且透着随意与自然，至少不犯逻辑毛病，不人云亦云、千篇一律，这就需要构思、选材、布局，使文字让读者接受，从而达到以文交流、美文同享的效果。

　　无天分而自蔽,又不愿"自娱",多被文所累,为人讥笑。没天分,就回归自娱自乐吧,"不要人夸好颜色"。可多少人能做到这一点呢?敲键盘易,操笔易,操觚难啊!我也是这样,虽然文章写了不少,但或许自我蒙蔽得很深哩。

訾议 zǐ yì

【释义】批评，讥刺。

纯粹的文人清高孤傲，不苟于世俗，不委于官商，且又忧愤于怀才不遇，怪之于"文章憎命达"。依附而受利用者，吃香喝辣，却难以纯粹，被人嘲笑为没有文人风骨的"文痞""文棍"，比他人更易被刻上历史的耻辱柱。

汉代桓宽的《盐铁论·诏圣》中写道："瞽师不知白黑而善闻言，儒者不知治世而善訾议。"读书人习惯于议论、指责他人的缺点，被贴上了"訾议"的标签。他们当中靠嘴巴吃饭的，就更属于"訾议"派了。柳宗元的《送元十八山人南游序》中写道："余观老子，亦孔氏之异流也，不得以相抗，又况杨墨申商、刑名纵横之说，其迭相訾毁、抵牾而不合者，可胜言耶？"贾岛《辩士》诗曰："辩士多毁訾，不闻谈己非。"有时"訾议"还不够，还要升级到"訾毁"。

也有人认为,"訾议"是读书人的权利,他们就得敢于批评。儒者,需人也,人需也,是人类社会所需要的人才。如果学了知识,只考虑自己,面对大是大非的问题不发表意见,对掌权者不进行舆论监督,三缄其口,明哲保身,这种儒者人们不需要他,他也算不上真正的儒者,充其量只是个小人之儒。清代唐甄在《潜书·劝学》中说:"圣人不作,世衰道丧,旁蘖别出,乃訾议儒者。"社会出现不正之风,读书人是有责任的。

明万历三十二年(1604年),顾宪成等人修复宋代杨时讲学的东林书院,与高攀龙、钱一本等讲学其中。"风声雨声读书声声声入耳,家事国事天下事事事关心。"东林讲学之际,正值明末社会矛盾日趋激化之时。东林人士讽议朝政、评论官吏,他们要求廉正奉公、振兴吏治、开放言路、革除朝野积弊,反对权贵贪纵枉法。黄宗羲在《明儒学案·顾宪成》中说:"故会中亦多裁量人物,訾议国政,亦冀执政者闻而药之也。天下君子以清议归于东林,庙堂亦有畏忌。"后来,人们推崇东林士人针砭时弊的精神,提倡"读书不忘救国",至今仍有积极意义。

黄宗羲是"东林七君子"之一黄尊素的长子,比起顾宪成,他更敢于"訾议",并且认为"小人之恶清议,犹黄河之碍砥柱也"。在封建专制如烧红的铁板一样,触碰者不死则伤的时代,黄宗羲竟然提出"天下为主,君为客"的民主思想。他说:"天下之治乱,不在一姓之兴亡,而在万民之忧乐。"他主张以"天下之法"取代皇帝的"一家之法","有治法而后有治人",从而限制君权,保证人民的基本权利。

黄宗羲"訾议"之语颇多,他说:"有人者出,不以一己之利为利,而使天下受其利;不以一己之害为害,而使天下释其害;此其人之勤劳必千万于天下之人。"他认为,人本来就是自私自利的,因此公利是没有人去做的,君主的任务是为百姓谋利益。他说:"缘夫天下之大,非一人之所能治,而分治之以群工。"他提出建立这种新的君臣关系,抨击了不分是非的愚忠思想,其用意就是要把至高无上的皇帝拉回到与臣子等同的地位上来。

金圣叹把描写盗贼的小说《水浒传》提高到与庄骚杜司马并列的地位,说梁山起义是"罪归朝廷,功归盗贼","盖不写高俅便写一百八人,则乱自下生也;不写一百八人,先写高俅,则是乱自上作也"。这实际上是借古讽今,直言道出了"官逼民反"的意思。他又写什么抨击官场的文章《十弗见》，加上平时的种种"訾议"，最终牵连上"抗粮哭庙"一案，被巡抚朱国治、县令任维初杀害。

现在有句话说："做的事情越多，犯的错误越多，受到批评也越多。"《菜根谭》说："十语九中未必称奇，一语不中则愆尤骈集；十谋九成未必归功，一谋不成则訾议丛兴。君子所以宁默毋躁，宁拙毋巧。"这些话讲得有道理，但并非必然如此。至少，不能因此而排斥"訾议"，更不能打击"訾议"者。越是做大事的人，越应该有器量接受"訾议"。

文人之间的"訾议"，因为彼此都有饱学根底，用词更是尖锐、犀利、丰富。文人相訾议，须当有底线，不能上纲上线，把对方搞垮斗死，自己就能留下"清名"吗？"卷帘试约东君，问花信风来第几番？"这是宋代周辉的词。他在《清波杂志》中说："文采典重如此，岂可以时谐谑之迹而加訾议。"这或许可以让现代自诩文人者参考参考。

诟厉 gòu lì

【释义】诟病，指耻辱，后引申为嘲骂或指斥。

我曾接到一个作者的电话，他骂我是"小人"。原来，是我最近在一篇发表于《安徽日报》副刊上的文章，批评了那些不断重复的励志类的文章毫无新意和才气，此君恰恰是写这类文章的，冒犯了他，他便骂我是故意针对他写的文章。

我在文章中并没有对任何作者进行人身攻击，只是表达了批评观点，属于文学评论范畴。可是，喜欢听表扬、吹捧的人，是容不得这种批评的，他气急败坏，直接冲我辱骂、叫嚣，让我感到阵阵凛冽寒风从黑暗的那头呼呼刮过来。我转身，从黄梅阁的灯光投射下，看到了墙外一株蜡梅悄然绽放。随即想起龚自珍《病梅馆记》中的一句话："予本非文人画士，甘受诟厉，辟病梅之馆以贮之。"心甘情愿受到辱骂，何其坦荡！

多难的民族，被鸦片熏得国贫人弱，而官僚腐败分子却仍在玩弄权术，扼杀正直，欺骗善良，制造种种文字狱，思想被禁锢，文化界死气沉沉，一潭死水。龚自珍拿起批判的武器，针砭时弊，讴歌正气，他悲壮呼号："我劝天公重抖擞，不拘一格降人才。"可现实社会仍然是："牢盆狎客操全算，团扇才人踞上游。"一生诗文耗尽了他的心血，他毅然辞官，连家人也不带，踏上了南下返乡的征程。批评是特别累人的，批评是需要冒风险的，批评甚至会带来杀身之祸。由于不愿敛藏锋棱，龚自珍一生得罪了许多人，包括他的朋友。友人姚莹说他"言多奇僻"；知交魏源直接对他说，"足下有不择言之病"。可见，具有强烈的社会责任感、以醒悟者的角色自律、不苟于世、大胆批评的人，生存着是多么不容易。

战国初期的哲学家杨朱，主张"贵己""重生""人人不损一毫"的思想，做到"勿矜一时之毁誉"，遭到了儒家的排斥与攻击。严复曾从个人主义的角度对杨朱思想进行辩护，他认为，孟子对杨朱的抨击是错误的，杨朱的"为我"，并非像孟子所说的那样是自私自利，"为我之学，固原于老。孟子谓其拔一毛利天下而不为，固标其粗，与世俗不相知之语，以为诟厉，未必杨朱之真也"。道家对杨朱持接受、认同的态度。至于"以为不知己者诟厉"——招致不了解自己的人的辱骂和伤害，庄子对此用果树的生存境况来打比方，他说是因为果树能结出鲜美的果实，招来了世俗社会人们的打击。各种事物莫不如此。所以只得"求无所可用"，而保全自己。道家提倡"智者不言"。写文章，弄不好就会让人对号入座，以为影射于他。可是，除了写文章别无所长的文人，不写作简直要他的命。历代不乏文人"诟厉岩廊之上，诅咒庙堂之间"。

鲁迅有一篇文章叫《辱骂和恐吓绝不是战斗》，他在文中说："自然，中国历来的文坛上，常见的是诬陷、造谣、恐吓、辱骂，翻一翻大部的历史，就往往可以遇见这样的文章，直到现在，还在应用，而且更加厉害"，"倘在诗人，则因为情不可遏而愤怒，而笑骂，自然也无不可。但必须止于嘲笑，止于热骂，而且要'嬉笑怒骂，皆成文章'，使敌人因此受伤或致死，而自己并无卑劣的行为，观者也不以为污秽，这才是战斗的作者的本领"。

从 1927 年始，创造社、太阳社的左翼青年们，曾批评、攻击鲁迅。成仿吾说鲁迅"代表着有闲的资产阶级，或是睡在鼓里面的小资产阶级"，已堕落到"趣味文学"的绝路上；冯乃超嘲笑他"醉眼陶然"，成了社会变革的落伍者；钱杏邨说鲁迅笔下"没有光明"，只会"利用中国人的病态的性格,把阴险刻毒的精神和俏皮的语句,来混淆青年的耳目",若不"接受批评,幡然悔悟",则前路"只有死亡"。这些批评,确实可视作"骂语",但算不算人身攻击、侮辱诟厉?或许还算不上。而1928年夏,郭沫若化名"杜荃",刊文《文艺战线上的封建余孽》,骂鲁迅是"资本主义以前的一个封建余孽","是二重的反革命的人物","是一位不得志的Fascist(法西斯蒂)",就显然是诟厉之言了。鲁迅去世后,苏雪林骂鲁迅是"诚玷污士林之衣冠败类,二十四史儒林传所无之奸邪小人",就更属于诟厉了,连许多反对鲁迅的人,都认为太不应该。

不过,鲁迅也不是圣人,难以控制批评的分寸,做不到始终"修辞立其诚",用词造句时往"诟厉"转化。鲁迅曾写《中国小说史略》,陈源曾污称鲁迅剽窃了日本学者盐谷温《支那文学概论讲话》中的《小说》一章,顾颉刚有一次与陈源私下聊天,也说鲁迅有抄袭之嫌。这话传到鲁迅耳里,鲁迅很不舒服。据说,鲁迅离开厦门大学,到中山大学去当教授,一个很大的原因就是不愿与顾颉刚共事。谁知,鲁迅刚离开厦门到中山,顾颉刚也跟了来。结果鲁迅对学生说:"顾颉刚来了,我立即走。"鲁迅在给章廷谦的信中说:"当红鼻(鲁迅对顾的蔑称)到粤之时,正清党发生之际,所以也有人疑我之滚,和政治有关,实则我之'鼻来我走',与鼻不两立,大似梅毒菌……"顾颉刚得知后,怒气冲天,立刻写信给鲁迅,说要在"法庭上辩一个清白"……

俗话说得好:"良言一句三冬暖,恶语伤人六月寒。"这种种例子都说明,我们在批评和评论别人的时候,应该多想一想,设身处地地为对方考虑,多些良知和善意,这样引起的不快和纠纷就会少得多了。

kuí duó
揆度

【释义】揣度，估量。

揆度，指揣度、估量。揆的本义指"测量方位"。《周易·系辞》曰："初率其辞，而揆其方。"这种善"揆"者在古代属于稀缺人才，打仗、垦田都需要。当医生、做郎中也需要"揆度"之才。《素问·玉版论要》中写道："揆度者，度病之浅深也。""揆"言切求其脉理，"度"谓得其病处，参以四时逆顺以明其吉凶及治法。既能测量方位，又能发现事物的问题进而解决，这种人本事大，多被重用。

李斯揆度事势，上《谏逐客书》，倡郡县制，统一货币、度量衡，创"小篆"一统文字等，是秦王朝权高位重的丞相。

萧何最初乃秦末一刀笔小吏，却能乘势而起，拥立沛公刘邦。劝刘邦避项羽锋芒，屈尊汉中王，徐图天下；慧眼独具，月下追韩信，使"汉兴三杰"到了刘邦一人手下。楚汉相争，留守后方，为刘邦提供充足支援；汉朝初定，治国安邦，颁布法规，更得"萧规曹随"之誉。房玄龄被誉为"汉之萧何"，玄武门之变是主谋，助李世民得帝位，可谓一策定乾坤，列入凌烟阁二十四功臣。

汉武帝即位初年，征召天下贤良方正和有文学才能的人。各地士人、儒生纷纷上书应聘。东方朔写了三千片竹简的上书内容，这些竹简要两个壮汉才扛得起，而汉武帝则花了两个月的时间才读完。在自荐书中，东方朔说："（我）身高九尺三寸，双目炯炯有神，像明亮的珠子，牙齿洁白整齐得像编排的贝壳，勇敢像孟贲，敏捷像庆忌，廉俭像鲍叔，信义像尾生。"

东方朔为什么不说自己"揆度"像管仲、萧何呢？管仲在《管子·揆度》一文中，阐述了极具高度的政治、经济思想，包括善于主持国家的，就像把黄金和秤锤放在天平上一样，只要加重秤锤，金子就能够倾跌下来。所以，讲求通权达变则国家力量强盛，讲求遵循常道则国家力量衰弱。

东方朔终其一生的最高职务为一千石的太中大夫。汉武帝没有对他大材小用，而是他的能力尚达不到"天子的大臣"标准。东方朔是幽默大师,他善于察言观色,因为在皇帝跟前说笑话是很危险的。他对人心有谨慎的揣度,可于军事、经济等方面却无高屋建瓴的揆度。他能逗乐刘彻,却没能打动刘彻。他的"图画安危,揆度得失"流露出希望自己的才能被明君所用的心理,"夫谈者,有悖于目而拂于耳,谬于心而便于身者;或有悦于目而顺于耳,快于心而毁于行者,非有明王圣主,孰能听之矣?"他不愿身陷"进不能称往古以广主意,退不能扬君美以显其功"的可怜境地。相对而言,东方朔还算幸运,多少人自我推荐,什么位置也没得到。

历史上具有"揆度"之才的人物不少。王安石有诗:"众人纷纷何足竞,是非吾喜非吾病","不畏浮云遮望眼,自缘身在最高层"。王安石领导了一场轰轰烈烈而悲壮的熙宁变法,变法前被誉为"当世圣人",变法后,司马光大骂其为欲谋朝篡位的大奸臣。后来,宋徽宗对他推崇备至,宋钦宗却把他作为北宋灭亡的祸首;朱熹斥之为心怀叵测、沽名钓誉的伪君子;陆九渊赞其为"洁白之操,寒于冰霜";杨慎将之数落成"古今第一小人";梁启超称他是"三代以下唯一的完人";列宁赞之为"中国十一世纪最伟大的改革家"。

揆度者，生荣死哀焉能料知？

在明朝，特别看重"揆度"之才。首揆，即宰相的职位。如《明史·宰辅年表一》中说："诸辅之中，尤以首揆为重。"沈德符的《万历野获编·刑部·岭南论囚》写道："殷石汀正茂以司马督两广，专征伐，为首揆高新郑相知，以故得度外行事如此。""高新郑"指高拱，是明朝嘉、隆、万之际杰出的政治家和改革家，又是卓越的哲学家和思想家，对当时社会进步和学术发展做出了重大贡献。

高拱之后的首揆是张居正，此人识见、才略、能耐更是厉害。他机巧善谋，治世有方。创考成法，整顿吏治，清丈土地，推行"一条鞭法"，治黄整淮，修整边防，功在社稷，名垂后世。主政十年，救了明王朝，而得"救时宰相"之誉。张居正说："人皆知金帛为贵，而不知更有远甚于金帛者。谋之不深，而行之不远，人取小，我取大；人视近，我视远。未雨绸缪，智者所为也。"他还说："察不明则奸佞生，奸佞生则贤人去，贤人去则国不举，国不举，必殆，殆则危矣。"他无愧于首揆之称，首辅之位，首相之职。

我认识的一个企业总裁，为物色高管颇费周折。他不问出身门第，不管信仰什么，不论兴趣爱好，高薪招聘合适的人才。兴冲冲地发现一个，可用了两个月，多至半年，就觉得此人不是自己真正想要的，便终止了聘用。如此三番五次，高管进出频繁，对自己、对他人、对公司都是一种伤害。我没有"用人得失"的经历和体会，一直是旁观者，或者是阅读书上用人之法的理解者。觉得总裁应参透"揆度"二字，一则识方位，知道本企业所处的环境；二则辨症状，有解决问题的措施。《人物志》中写道："明能见机，谓之达识之材。"德要配位，才要配位，性格也要配位。

覃思 tán sī

【释义】亦作"潭思",意为深思。

"覃"的意思是深广,"覃思"是"深思"的意思。在中国古代,这种词常见于文人笔下,它是一种非常书面的用语。

例如,欧阳修评价杜甫"笔力豪隽,以超迈横绝为奇",夸奖梅尧臣"覃思精微,以深远闲淡为意"。梁启超写政治小说《新中国未来记》,感慨道:"编中寓言,颇费覃思,不敢草草。"

古人对"学与思"的关系理解透彻,并且阐述得也准确。人有思考的本性、特质,但表现在每个人身上,思考的方向、内容和深度不一样。春秋战国时期百家争鸣,争的是他们不同的思想观点,大家以各自视角观察、认识世界和社会,触及的东西形质有别,呈现的层次不同,以至于形成了不一样的文化维度。

道家的"覃思",是一种哲学的深度思考,从宇宙规律到自然法则,"道可道,非常道;名可名,非常名",具有抽象思维能力,对逻辑判断感兴趣的人,才会层层递进、深入,乃至"玄之又玄"。儒家的"覃思",是"如切如磋,如琢如磨",讨论的是社会伦理问题,学习的是"修身齐家治国平天下"的知识,强化的是"仁义礼智信"的理念,实践的是"温良恭俭让"的美德。

儒家走向普世价值,道理人人都懂,谁都有修养,那就成功了,然而任重道远。这个目标决定了思考不能太复杂,反省比思考更重要。如果只是一味深思,而理论推广滞后,那么就会被人嘲笑是"四体不勤,五谷不分"。儒家学说的道理好懂,关键在于做到"表里如一""知行合一"。所以,他们号召走出去,参与社会方方面面的实践活动,干各种各样的工作,并且树立道德典型,表彰孝子贤孙。

道家曾经走向士族"圈子化",魏晋时期一帮脑子好使的文化精英,摈弃世务,坐而论道,冥想玄谈一些极其高深的问题。什么"本末""体用""有无""性命"等抽象玄理,不懂的人只觉得是没用的知识,而何晏、王弼、阮籍、嵇康、向秀、郭象却乐此不疲。他们的清谈成为生活的必需，才智全倾注于谈辩。对于他们这种爱好，儒家学者给予了严厉批评，并且努力将人们从空洞的覃思，拉到自己阵营建立的价值体系，进行"三省吾身"。

思考的确有深度的必要，但深度未必就有广度；不求深度而要广度，出于最大化的普及，也是必要的。所以，知识的"有用"与"无用"是相对的。道家及玄学家，他们的思想，对思维的锻炼、认识世界的启发，以及对于处世方法、生命保养等，何尝不是"有用"的？儒家在历史进程中，受到了其他学说的影响和渗透，以及主动兼容接受他家思想以适应时代的发展，体系庞大起来。

朱熹和陆九渊，二人对"善"的最终根源和"恶"的来源问题，持不同看法，导致他们在道德修养的途径与方法问题上的主张也不相同。"道问学"与"尊德性"便是朱、陆各自主张的修养方法。黄宗羲对此说道："先生（陆九渊）之学，以尊德性为宗，谓'先立乎其大者，而后天之所以与我者不为小者所夺。夫苟本体不明而徒致功于外索，是无源之水也'。同时紫阳（朱熹）之学，则以道问学为主，谓'格物穷理，乃吾人入圣之阶梯。夫苟信心自是，而惟从事于覃思，是师心之用也'。"面对如此驳杂奇崛的文脉，以及重要思想的不一致，也难怪著述者、注释者如沉潜于深潭一般，非做"覃思"的功夫不可。

清朝最后几十年，翻译了大量西方著作。梁启超在《西学书目表序列》中说："已译诸书，中国官局所译者，兵政类为最多。盖昔人之论，以为中国一切皆胜西人，所不如者兵而已。"中国连连吃败仗，表现在国防力量弱，而实际上输在综合实力上。可是，当时一些僵化的脑袋不这样看，他们以为中国只是不会打新式仗而已，多看看西洋"兵政"类图书就行了。

洋务运动时，清政府专门设置了培养译员的洋务学堂和从事翻译出版的机构——同文馆。同治六年（1867年），同文馆设天文、算学等课程，招考对象为满汉之正途出身的五品以下京外各官，聘请数名外教担任教习。文渊阁大学士倭仁站出来强烈反对，他说："立国之道，尚礼义不尚权谋；根本之图，在人心不在技艺。今求诸一艺之末，又奉夷人为师，无论所学未必果精，即使教者诚教，学者诚学，其所成就，不过术数之士，未闻有恃术数而能起衰振靡者也。……今复举聪明隽秀、国家所培养而储以有用者，使之奉夷人为师，恐所习未必能精，而读书人已为所惑。夫术为六艺之一，本儒者所当知，非歧途可比。然天文、算学，为益甚微，西人教习正途，所损甚大……"

倭仁绝不会认为自己是胡扯瞎说，他的见解出自他的思维——"独尊儒学"的排外思想形成了他的思维定式，紧抱"礼义"就能救国、强国。他说过"君子爱惜人才，小人排挤异类"之类的话，而显然他心目中的人才，不是新形势下国家所急需的人才；他恪守"理学"反对同文馆设置天文、算学，分明在排挤异类。他有他的逻辑，他的思想，可是放到大的外部环境中，他的逻辑和思想将其思维限定死了，尽管他自以为"深思熟虑"。

倭仁任大学士管理户部事务，兼同治帝师傅与翰林院掌院学士，所谓"首辅、师傅、翰林掌院、户部总理，皆第一清要之席"。这等重要人物发声，是颇有影响力的，即便是搞洋务的曾国藩都得这样评价他——"当世仪型，群流归仰"。曾国藩是惮于倭仁的力量，还是博取更多支持者？"群流归仰"，将所有人纳入同一思维模式，很可怕，也很悲哀。可以说，倭仁的思维就是清朝大多数权贵、读书人的思维。这种思维沉溺于"理学"之中，而看不清楚整个世界的发展趋势。他们不是成心要亡国，可思维决定了他们必受列强的欺凌。

倭仁去世时,翁同龢感叹:"呜呼!哲人云亡,此国家之不幸,岂独后学之失所仰哉!"

中国的确失去了一位理学大师,但同时减少了一个反对科学和技术的保守分子。在他身故之后,越来越多的时代精英意识到,只有科学才能救国,知识才是力量,少了虚应故事的"理学",转身拥抱"德先生"和"赛先生",古老中国从此翻开了激荡百年波澜壮阔的新篇章。

翊赞 yì zàn

【释义】辅助，辅佐。

"高山长水仰清风，翊赞精诚天地通，湖海当年豪气壮，如椽大笔走蛇龙。"这是郭沫若写给陈布雷的诗。

翊赞，指辅助、辅佐及其有功之人。"立"与"羽"组合为"翊"，表示鸟的双翼竖立起来，准备起飞。这是本义。古人对展翅飞翔的鸟给予很多美好的想象，让自己插上翅膀飞向光明的未来；现在，人们同样是希望插上梦想的翅膀，飞向人生的憧憬。

一国之君，无论是龙还是虎，若能添翼，更具龙虎之威。于是，他们希望左右都是得力的辅佐之才，从而"与卿诸人建季兴之业"。想让国家季兴（中兴）的皇上，需要手下多一些有担当精神的"翊赞"之臣。《三国志·蜀志·吕凯传》："今诸葛丞相英才挺出，深睹未萌，受遗托孤，翊赞季兴，与众无忌，录功忘瑕。"

元代尚仲贤《气英布》第四折:"今日之胜,皆赖军师妙算,随使者游说之功,诸将翊赞之力。"

宰相赵普推荐张齐贤,向宋太宗赵光义说:"国家山河至广,文轨虽同,干戈未息,防微虑远,必资通变之材。去年北师入边,生灵受弊。万乘轸焦劳之虑,千官无翊赞之功,同僚共事,无非谨畏清廉,唯于献替之时,稍存缄默,宁济急须!……齐贤素蕴机谋,兼全德义,从来差遣,未尽器能,虑淹经国之才,弗副济时之用,如当重委,必立殊功。"宋太宗同意提拔张齐贤,任命他做了刑部侍郎、枢密副使。赵普说"千官无翊赞之功",是很让赵光义内心不安的,希望自己身上多添一翼。

"赞"这个字,也有辅佐、帮助之意,但似乎口头多于行动。皇上的命令、号召一出来,立即得到拥护、赞同。唐代杨炯的《唐右将军魏哲神道碑》中写道:"君升朝翊赞,道先王之法言;公府弼谐,对上天之休命。"翊赞成为官场风气之后,大小官员就喜欢听好听的,不喜欢听难听的。唐代苏拯在《断火谣》中说:"但究冤滥刑,天道无不可。鄙哉前朝翊赞臣,讦谟之规何琐琐。"

唐朝大历年间的进士刘商,倦于仕进,辞官回家作诗画画，或许跟不满于当时的"翊赞"有关。他年少时就写过一篇赞美高尚情操的诗。后来，在《哭韩淮端公兼上崔中丞》一诗中，表达了他所敬佩的人品："坚贞与和璧，利用归干将。金玉徒自宝，高贤无比方。挺生岩松姿，孤直凌雪霜。亭亭结清阴，不竞桃李芳。读书哂霸业，翊赞思皇王。千载有疑议，一言能否臧。"

文官翊赞之功，虽比不上武官拓疆扩土、攻城略池那么易于考量，但治理一方，老百姓有饭吃，没有人闹事，即以此类政绩为考评内容。明代，外省官员进京述职，多半忙于宴请京官、向权贵送礼，然后向皇上表"翊赞之功"。有个人特立独行，他就是海大人海瑞，他向嘉靖皇帝上《治安疏》，指出"陛下之误多矣"，还骂嘉靖大修宫殿，致使民不聊生。

清代梁章钜瞧不起"主恩宠德满口好称颂"的人，欣赏"十分和气不俗"的人。他赠林则徐联："帝倚以为股肱耳目；民望之若父母神明。"他在《归田琐记·鳌拜》中写道："况以辅臣躬承顾命，翊赞机务，更宜小心谦谨，不可稍涉纵恣。"

既然"翊赞"由飞鸟而来，辅佐比作"羽翼"，那么"翦其羽翼"，也就成了对应的思维逻辑。武则天执政后期，将"政事多委易之兄弟"，却不肯把权力交给太子。张易之兄弟独揽朝政大权，邵王李重润和永泰郡主因暗地非议，都被判处绞刑。御史大夫魏元忠曾经弹劾禀奏张易之等人的罪行，张易之向武则天申诉，反而诬告魏元忠与司礼丞高戬相约说："天子年老，应该挟持太子做个能长久保持友谊的朋友。"武则天问："谁是证人？"张易之说："凤阁舍人张说。"第二天在朝廷辩论，并没有得到证据，但是魏元忠、张说仍被驱逐。

一个叫苏安恒的人，胆子大，两次上疏让女皇退休，都没有成功。于是他和他的靠山及支持者，就想到了"翦其羽翼"。张易之、张昌宗兄弟，不是"翊赞"之臣吗？将他俩除掉，看你武则天还怎么当皇帝。长安三年（703年）九月，苏安恒借张氏兄弟构陷御史大夫魏元忠一事，又上《理魏元忠疏》伸张正义："陛下好生恶杀，纵不能斩佞臣头以塞人望，臣请夺其荣宠，翦其羽翼，无使权柄在手，骄横日滋。"苏安恒明明是行"翦其羽翼"之计，怎么可以向武则天讲出来呢？他还骂张氏兄弟"豺狼其心"，结果"易之等见其疏，大怒，欲杀之"（《资治通鉴》），多亏众人搭救才逃过此劫。

清朝的曾国藩非常有智慧，金陵一攻下，他就立即让弟弟国荃告病还乡，说是"功成身退，愈急愈好"，又着手裁撤湘军。有人觉得他这是英雄"自翦羽翼"，曾国藩则认为这是唯一的自全之道。的确，如果太平军被消灭以后，他仍然保持很大的势力，当然会引起朝廷的猜疑。既然他不想和朝廷作对，就只有削弱自己的力量。

后来的李鸿章、张之洞，这几位被称为"羽翼王朝""翊赞中枢"的人，也是很厉害的。可是，大厦将倾，靠这几根木柱也是撑不住的。

guāi lì
乖 戾

【释义】乖悖违戾，指行为不合人情，抵触而不一致，今称急躁、易怒为性情乖戾、脾气乖戾。

"气之不得无行也，如水之流，如日月之行不休。"古人如是说，气有好坏之分，乖气与戾气，都不是好气。

乖气，指邪恶之气、不祥之气。如《汉书·刘向传》中所写："和气致祥，乖气致异。"《晋书·五行志上》也说："君违其道，小人在位，众庶失常，则乖气应，咎征效，国以亡。"

戾气，本是中医学术语，是与正气相反、与邪气相对应的一种气。《诸病源候论》中说："人感乖戾之气而生病，则病气转相染易，乃至灭门。"后来，戾气引申指一种残暴的脾气。

乖气和戾气，既然都不是什么好气，它俩结合在一起，成为"乖戾"之气，危害程度就更强了，谁沾上谁就麻烦，人缘就会被破坏，表现为性情和脾气特别坏，易怒、出语伤人。

古人相信"天人感应"，天象与人文相互关联。《史记·天官书》中写道："三能色齐，君臣和；不齐，为乖戾。""三能"是星官名，即三台。上台起文昌，中台对轩辕，下台抵太微，三台各二星，相距不及半度。"色齐"指亮度正常，"不齐"则是异常。"乖戾"为异常，自然天怒人怨。允礽是康熙的二儿子，曾册立为太子，后来被废黜了，并且还禁锢于咸安宫。《清史稿·理密亲王允礽传》说："允礽与所属恣行乖戾，无所不至。"可见，言行"乖戾"的人是要倒霉的。

我发现，当一个人突然发脾气的时候，其气之变化真是迅速，叫人防不胜防。人体这个小宇宙亦是风云万象，变幻无常。怒气替代和气，精神形象大破坏、大颠覆。见此，我暗中告诫自己，千万不要轻易发脾气、宣泄怒气，五官变形扭曲多难看啊。

相由心生，心由气主。中国戏剧中的人物多脸谱化，这跟人们对不同的气主宰不同的人的认识有关，气正、气邪都会外显，因而"好人"与"坏人"能被轻易识别，这也是一种"正气"的力量的体现。明白了这个道理，也就不难理解中国人的审美心理了。中国人并不提倡以貌取人，但特别在意人的气色。

人在舞台上亮相，亮的是精气神。在各种场合出现，为了给人良好的第一印象，也要亮出精气神。气在精与神的中间。气变化，精与神都跟着变化。处在中间的这个气，需要培养、贯通，一个人的气充沛，往往身体就好。老子说："万物负阴而抱阳，冲气以为和。"气有正邪之别。孟子说："我善养吾浩然之气。"什么是浩然之气？孟子认为，它是充满在天地之间，一种十分浩大、十分刚强的气。其次，这种气是用正义和道德日积月累形成的。反之，如果没有正义和道德存储其中，它也就消退无力了。文天祥说："天地有正气，杂然赋流形；下则为河岳，上则为日星。于人曰浩然，沛乎塞苍冥。"

在现实生活中，我发现不少脾气大的人自以为有"正气"，发脾气是以正气压倒邪气，结果培养和积累了一种"乖戾"之气，动不动就对人破口大骂，大有"恨铁不成钢"而抡锤猛打的气势，工作中容不得下属出差错，哪怕是一些小的过失也进行非常严厉的处罚，别人意见稍有不同，就扣上破坏团结、影响团队的帽子。然而，即使邪气很旺，但终究压不住正气，否则暗无天日，不符合宇宙运行规律。而对于乖戾之气，我们却不容易对付，因为它常常看上去像正气。它操纵暴力，而你确实犯了错误；它无比凶猛，而你真的应该受到批评。然而宇宙仍然是公平的，乖气之人与戾气之人发生冲突，彻头彻尾"乖戾"，必然是彼此重拳出击，互相致残。

被"乖戾"控制的人尽管很强势，但其最为严重的伤害来自自身。我认识一个老板，他有思想抱负，欲成就一番事业。创业过程每走一步，既需要充电，也需要充气。他稍有成就，野心就膨胀起来。遇到一次次挫折，他焦虑、急躁，身上的乖戾之气越来越重，他恨公司外部环境，也恨公司内部环境，脾气大得可怕，结果公司留不住人才，员工没待几天就跑了。他骂当今人心坏透了，没有忠诚，不讲原则。他被乖戾之气所占据，生活在骂与被骂、虐人与虐己的煎熬与痛苦之中，可谓"拈草树为刀兵，指骨肉为仇敌。虫以二口自噬，鸟以两首相残"。我见他日渐憔悴，面带一股乖戾之气，惋惜之余，不知说什么好。

正气如果培养和管理不好，就可能变成乖戾之气。变了之后，如果仍将乖戾之气当正气，那么危害就深重了。

对此，曾国藩有清醒的认识，他写信对弟弟曾国荃说："弟弟的志趣，接近于春夏发舒之气，而我的志趣，接近于秋冬收敛之气。弟弟的意思是认为只有发舒才会生机旺盛，我的意思凡事收敛反而生机厚实。平日喜欢古人说的'花未全开月未圆'七个字，觉得惜福之道，保泰之法，没有比这句话更精当的了。"正气之发舒是必须的，但一味地发舒，就极易由正气转化为乖戾之气，因为由正气物化的东西如名声、利益等，会改变人的"底气"，因而到了一定的时候就要进行"收敛"以保护正气。

阴骘
yīn zhì

【释义】原指默默地安定下民,也指阴德,还有冥冥之中的意思。

"阴骘"这两个字,散发逼仄森严之气。"骘"字总不会写,也常念错,但"阴骘"就是"阴骘",人们又不愿用"阴德"二字代之。

我将几年前写的一篇文章转到微信群。过了一会儿,有个叫"最后的我执"的人,针对我的文章说:"若要文章惊世眼,全凭阴骘合天心。"我顿有振聋发聩之感。是我的文章写得不好,还是指我的人品有问题?他是谁?我可认识?他认识我吗?

我相信"阴骘"对于人的命运之影响。中国古人尤其相信这个,传统文化不仅讲"天人合一",还讲"阴阳一体"。世上没有无本之木,无源之水,人的生命并非单纯个体,而是祖辈、父辈延续于己,在社会伦理体系中,此即血缘的能量,或正能量,或负能量。荫及子孙最好的东西是积德,是名声,是家风。

写文章能否成名,能否成就,跟人的"文运"有关。运好文星亮,运不好文星暗。有才气没文运,文章不传。有文运,文章一般却能传。一些人投靠文学名家权威,奔忙于交际,文学家成了文学活动家。文章发表,获奖,得益于阴骘吗?这个问题非常复杂。王勃赶上了一场盛会,写了一篇《滕王阁序》暴得大名,可却又因写《檄英王鸡》而招祸。年纪轻轻死于非命,惜哉。但他的文章流传了下来,千古不朽。

清代著名学者汪龙庄曾用亲身经历佐证"若要文章惊世眼,全凭阴骘合天心"。他说:

"考官曾先生批完了我的试卷,放在案几的右侧,刚打起盹,突然屋上的瓦片落下一块,斜压在我的卷上。这瓦片很小,不到巴掌那么大,上面苔痕斑驳,曾先生急忙拿起卷子又看了一遍,然后藏于箧中,刚刚上床睡觉,又听到案几上有动静,发现是我的试卷出现在刚才坠瓦的地方,它怎么从箧中跑出来了?第二天早上,曾先生将我的试卷呈荐两位主考官,他们阅后击节称赏,定为第一名。十天后,陆耳山先生想收我为弟子,传其衣钵,于是将我改为第三名。有人问我有何阴骘,得到如此吉祥好运。我回答道,当是先人恩德荫及于我吧。不久见到了榜首许春岩,我们一起去拜谒两位主考官。我将飞瓦的事详细地讲了一遍，他们听了很诧异。是啊，深夜屋内门窗都是关闭的，瓦之去来，真不可思议。民间相传这件事的人们，都说是我母亲的'苦节'感动了上天，暗中助我。我十八岁那年，初应乡试，有个跟我同一考室的考生，突然呼喊请求换一张试卷。考官提调盐驿道赵先生，见其试卷前后各写了一个'好'字，有杯子那么大，问为什么？此考生说，我做完卷子，竟然熟睡了一觉，梦见一人伸手拿看我的卷子，对我说，你今科必中。他叫我在手心手背各写一'好'字，醒来却发现，不料都写在试卷上了。赵考官说，'好'字于文为'女子'，你扪心自问一下，平日可犯下什么罪过。此考生连连哀叹，面露惧色。"

自古以来考场怪事多，巧合也罢，杜撰也罢，心理因素起了很大作用。凡事朝思暮想，营造心象，投射到梦里，又显示于现实，故"如梦幻泡影"。虚实之境切换变化，使一些人迷糊，也使一些人敬畏。钱穆先生年轻时梦见史学家章学诚的书楼，20年后，他在北京大学任教时真的见到了章学诚的大量藏书，令其颇感奇怪，竟跟自己早年所梦完全一样，成为"一人生平回忆中值得玩味之一事也"。钱穆学历并不高，中学毕业，后在小学任教。他热爱史学，1918年因出版著作《论语文解》后才被人知晓，直到1930年发表《刘向歆父子年谱》方得成名,被燕京大学、北京大学等高校聘为教授。其"独立苦学,外绝声华,内无假借""择善固执,坚持自己的路向",著作越来越多,名望越来越高。

我们的老祖宗对"人生哲学"研究得非常透彻,命得于天,而"得"就是"德"。至于"阴骘"与文章的关系,中国人向来强调文人的人品修养。即使那些没有民族大义的人,排挤构陷他人领风骚的人,徇私舞弊占鳌头的人,玩弄异性感情爱风流的人,他们活时笔墨满天飞,死后也还有作品流传,但他们的"出名""留名",实际上天命之意是,让人们观其文而惋惜,憎恨其人品不端,揭露其人性卑劣,批评其德文不配,"当为士林不齿"。

写出得意之作、成名之作,是多么开心快乐的事!习文者,努力多年后会觉得,除了天赋,还需要天助。灵感很神秘,来之偶然。出佳作不易,且艺术生命短暂。有的人作文稍有起色,却再也没能超越;有的人还没写出什么有影响的作品,就"江郎才尽",实在难受。勤奋无功,一定有某种背后的力量导致文运之抑厄。《周易・乾・文言》说:"君子进德修业。忠信,所以进德也;修辞立其诚,所以居业也。"以文心对应天心,是历史上很多文人具备的品质。苏辙说:"平居以养其心,足乎内,无待乎外,其中潢漾,与天地相终始。"真乃文章千般好,独"阴骘"不可缺!